2022 年江苏省图书馆学会课题"公共阅读空间的

目编号：22YB013）研究成果之一。

信息化时代公共图书馆建设与服务创新

王　俊◎著

汕頭大學出版社

图书在版编目（CIP）数据

信息化时代公共图书馆建设与服务创新 / 王俊著
. -- 汕头：汕头大学出版社，2023.3
　　ISBN 978-7-5658-4990-9

　　Ⅰ．①信… Ⅱ．①王… Ⅲ．①公共图书馆－图书馆工作－研究②公共图书馆－图书馆服务－研究 Ⅳ.
①G258.2

中国国家版本馆CIP数据核字(2023)第056611号

信息化时代公共图书馆建设与服务创新
XINXIHUA SHIDAI GONGGONG TUSHUGUAN JIANSHE YU FUWU CHUANGXIN

作　　者：王　俊
责任编辑：黄洁玲
责任技编：黄东生
封面设计：皓　月
出版发行：汕头大学出版社
　　　　　广东省汕头市大学路243号汕头大学校园内　　邮政编码：515063
电　　话：0754-82904613
印　　刷：廊坊市海涛印刷有限公司
开　　本：710mm×1000mm 1/16
印　　张：8.5
字　　数：206 千字
版　　次：2023 年 3 月第 1 版
印　　次：2023 年 9 月第 1 次印刷
定　　价：46.00 元
ISBN 978-7-5658-4990-9

随着信息技术的高速发展，人们已经进入信息时代。公共图书馆作为公共文化服务的重要阵地，也深受信息时代的影响。一是信息技术已经成为公共图书馆业务开展的基石，二是新技术的应用成为公共图书馆的创新发展的助力。所以信息技术对公共图书馆的影响不只是阅读服务的创新，同时也影响了公共图书馆的发展与建设。

基于此，笔者撰写《信息化时代公共图书馆建设与服务创新》一书。全书在内容安排上共设置四章：第一章是公共图书馆概述，内容包括公共图书馆的产生与发展、公共图书馆的主要特性、公共图书馆的职能表现、公共图书馆馆员素质培养；第二章思考公共图书馆信息化建设与服务，内容囊括公共图书馆信息化建设的技术、图书馆信息化服务创新路径；第三章探索公共图书馆阅读服务理论与变革创新，内容涉及公共图书馆阅读服务的理论透视、信息化时代公共图书馆阅读服务变革、公共图书馆智慧阅读空间的创新构建；第四章探讨公共图书馆阅读推广与服务品牌建设，主要包括公共图书馆阅读推广及项目策划、信息化时代公共图书馆阅读推广策略、公共图书馆的服务品牌建设与发展探微。

全书在内容布局、逻辑结构、理论创新诸方面都有自己的独到之处，希望能给图书馆的发展提供理论参考，促进我国公共图书馆服务效能提升，图书馆事业高质量发展。

笔者在撰写本书的过程中，得到了许多专家、学者的帮助和指导，在此表示诚挚的谢意。由于笔者水平有限，加之时间仓促，书中所涉及的内容难免有疏漏之处，希望各位读者多提宝贵的意见，以便笔者进一步修改，使之更加完善。

目录

第一章 公共图书馆概述

第一节 公共图书馆的产生与发展

公共图书馆由国家中央或地方政府管理、资助和支持的，免费为社会公众服务的图书馆。它可以是为一般群众服务，也可以是为某一特定读者如儿童、工人、农民等服务的。在美国、加拿大等国家主要指社区或地区图书馆，它们一般根据州或市的有关法令设置，由当局批准任命的地方图书馆管理机构负责管理，经费主要来源于地方政府的税收。在苏联，公共图书馆包括国家图书馆、各加盟共和国图书馆、州立图书馆、城市、农村图书馆和儿童图书馆等。在中国，主要指由国家和群众举办、为广大人民群众服务、按行政区划设置并受政府各级文化部门领导的图书馆，包括国家图书馆，省、自治区、直辖市图书馆，地区、市、州、盟等行政区图书馆，县（区）图书馆，乡镇图书馆、街道图书馆，儿童图书馆等。

一、公共图书馆的历史沿革

（一）古代公共图书馆的雏形

公共图书馆的源头可以追溯到古代时期，特别是在古埃及、巴比伦和希腊等地。这些地区的图书馆雏形为后来公共图书馆的兴起奠定了基础，体现了人类对知识和信息获取的追求。

1. 亚历山大图书馆与希腊城邦的雏形

古埃及的亚历山大图书馆是公共图书馆发展的一个重要起点。成立于公元前 3 世纪的亚历山大图书馆收集了大量的手抄本，涵盖了当时世界各个领域的知识。它不仅仅是一个知识存储的地方，更是学者、哲学家和科学家们交流、辩论和探讨的重要场所。亚历山大图书馆的存在为知识传播和学术交流提供了宝贵平台。

类似地，在古希腊，一些城邦中也出现了类似的图书馆雏形。例如，雅典的宙斯神殿内设有图书室，供市民阅读和学习。这些图书室收藏了各种手抄本，扮演了知识传播和文化交流的角色，为城市居民提供了获取信息和启发思考的机会。

2. 古代中国的图书馆雏形

在中国，古代的图书馆雏形可以追溯到秦汉时期。虽然秦始皇统一六国后下令焚书坑儒，但他也在阅藏台中保留了一些重要著作，这可以看作是中国古代图书馆的雏形之一。汉武帝时期，长安建立了太学，汇集了大量文献资料，供学者研究和学习。尽管古代中国的图书馆更多地为皇室和贵族所用，但它们仍在一定程度上为知识传播提供了基础。

这些古代图书馆雏形出现在不同文明背景下，都反映了人们对知识和文化的重视。它们为后来公共图书馆的发展打下了基础，提供了对知识共享和社会交流的初步理解。从亚历山大图书馆到希腊城邦的图书室，再到古代中国的太学和阅藏台，这些雏形都是人类智慧的结晶，将知识的火种传递到了后世。

（二）近代公共图书馆的兴起

近代公共图书馆的兴起紧密联系着启蒙时代的兴起。启蒙时代强调理性、知识和教育的重要性，这为公共图书馆的发展提供了思想基础。在这一时期，人们开始逐渐认识到普及教育和知识传播对社会进步的重要作用，从而促使公共图书馆得以建立。在 17 至 18 世纪，随着欧洲和北美社会的发展，人们对知识和教育的需求不断增加，公共图书馆开始在这些地区兴起。1731 年，美国的费城图书馆成为美洲第一家公共图书馆，标志着公共图书馆事业在新大陆的开端。这些图书馆不仅收藏了丰富的书籍和资料，更重要的是为普罗大众提供了免费的阅读和借阅服务，大大降低了人们获取知识的门槛。

在中国，近代的社会变革和外来文化影响也催生了公共图书馆。1909 年，上海图书馆成为中国现代公共图书馆的先驱。上海图书馆引入了西方图书馆的模式，为普罗大众提供免费的图书借阅和阅读服务。这标志着中国公共图书馆事业的新起点，为更多的人提供了获取知识、启发思考的机会。这些近代公共图书馆不仅满足了个体的知识需求，也促进了文化的融合和传承。公共图书馆成为了不同社会群体交流、讨论、学习的平台。

（三）20 世纪的发展与变革

进入 20 世纪，公共图书馆逐渐超越了单纯的知识传授功能，转变为社会的文化中心和社区的重要组成部分。在西方国家，公共图书馆不再仅仅是提供书籍的场所，它们开始扮演起促进社会文化交流和互动的角色。图书馆不仅提供各种书籍和资源，还举办文化活动、讲座、展览等，为社区居民提供了学习、交流和娱乐的场所。这种演变使得公共图书馆成为了社会凝聚力的重要源泉，为人们创造了更丰富多彩的文化体验。

在中国，中国 19 世纪末维新派倡导的公共藏书楼和他们建立的学会藏书楼已具有公共图书馆的性质，20 世纪初出现了公共图书馆。1902 年古越藏书楼对外开放。1903 年武昌文华公书林建立并对外开放。1904 年，湖南图书馆、湖北省图书馆建立。随后，江苏、山东、陕西、浙江、河北等省都建立了公共图书馆。1909 年清政府颁布《京师图书馆及各省图书馆通行章程》，促进了公共图书馆的建立和发展。1912 年京师图书馆对外开放。 1914 年全国共有省级公共图书馆18 所。

20 世纪初，随着近代教育制度的建立，中国各地相继兴建了许多公共图书馆。然而，由于战争和社会动荡，许多图书馆在这个时期受到了破坏和闭馆。1949年中华人民共和国成立后，图书馆事业得到了重新发展。20 世纪 80 年代开始的改革开放政策，为中国公共图书馆的现代化发展创造了条件。图书馆开始引进国际上的图书和技术，提供更多样化的服务，如多媒体资源、电子阅览室等。1998 年，中国国家图书馆开馆，成为中国最大的图书馆，代表了中国公共图书馆事业的新高度。

2011 年底之前，全国所有公共图书馆实现无障碍、零门槛进入。2022 年末，全国公共图书馆累计发放借书证 12229 万个；总流通人次 78970 万，比上年增长 5.8%；书刊文献外借 60719 万册次，增长 3.4%；外借人次 24894 万，增长 4.6%。全年共为读者举办各种活动 21.23 万次，比上年增长 4.8%；参加人次 13495 万，增长 13.5%。推动全国智慧图书馆体系建设，采取线上线下相结合的方式，为读者提供优质服务。

二、公共图书馆发展的新特征及趋势

（一）公共图书馆发展的新业态特征

第一，重视用户数据。一方面，长期以来，传统图书馆往往过于重视文献资料等机构化数据的采集，忽视用户信息的收集，但是在新业态[①]下，公共图书馆除了加强文献资料数据的采集，还要对采集的数据进行分析、挖掘、整合，让它们产生更多有利的价值，以提升公共图书馆的核心竞争力。另一方面，公共图书馆要提升读者服务质量，就需要借助科技的力量，对计算机和大数据进行运用，完善非结构化和半结构化的数据，重视用户信息和数据的收集，对这类数据进行分析、分类挖掘，发挥其价值和意义，为公共图书馆的服务提供参考依据，实现图书馆服务和业务的融合发展。

第二，探索大数据服务。新业态背景下，人们的日常活动轨迹都或多或少地被信息系统记录一些信息数据。把这些信息数据进行收集、挖掘、整合及分析之后，就可以还原一个社会个体的运行轨迹和全景，这就是大数据分析的结果。

---

① 新业态是指基于不同产业间的组合、企业内部价值链和外部产业链环节的分化、融合、行业跨界整合以及嫁接信息及互联网技术所形成的新型企业、商业乃至产业的组织形态。

公共图书馆要想取得发展，避免边缘化，就必须对大数据进行探索，引进大数据和计算机技术。一般来说，公共图书馆可以采取以下两种大数据服务方式：首先是图书馆大数据。例如读者的检索历史、借阅习惯等，这是对现有资源进行收集、分析、挖掘。其二是用户大数据，这类分析是针对公共图书馆的用户群体信息进行参考，分析用户所需的，但是无法对全部的用户进行分析，可以通过其他渠道获得客户大数据信息，但是会面临技术和知识产权的问题，解决这些数据所面临的问题也是公共图书馆创新发展的关键。

第三，利用数据分析工具。新业态下，用户在互联网上的轨迹无时无刻不在产生着半结构化和非结构化的数据，如果可以收集到这些数据，对数据进行挖掘分析就可以更好地研究人们的关联性和需求性，对需求进行分类，制定数据模型，提高个性化推广精确度。对公共图书馆来说，迫切需要提升大数据技术以促进图书馆的发展，提升竞争力。目前已应用的分析技术有网络分析、数据融合、数据分析挖掘、可视化分析、数据聚成等。特别是可视化分析、聚类分析及数据挖掘技术对图书馆数据技术分析起到了促进作用。

第四，提升图书馆服务智能化。借助大数据技术，公共图书馆可以提升智能化服务。新业态背景下图书馆对技术的要求也越来越高，智能化服务的程度也更上一步台阶。首先，从公共图书馆自身来看，图书馆提高智能化水平可以处理复杂的数据工作，既能节省人力物力，又可以实现人工无法完成的工作。其次，从读者来看，智能化程度可以提升服务水平，读者可以更加轻易便捷地获取需要的文本、视频、图片等信息，节约读者的信息搜索时间，提高读者的阅读体验。最后，从知识流通来看，有利于知识由隐性向显性转变，有利于知识的挖掘、发现、整合。对于图书馆的知识流通功能来说，智能化的发展可以提高知识的传播。

第五，同步关注阵地服务和网络服务。在新业态背景下，公共图书馆在探索服务创新的过程中，加强对网络在线服务的重视，也重点关注线下阵地服务的多元化开发，力求能通过完善服务体系的构建，形成新的服务模式，确保能实现对阵地服务和网络服务的协同发展，从而展现图书馆服务的独特魅力，真正发挥公共图书馆在提供公共文化服务方面的优势。

第六，资源无限支撑服务无限发展。对新业态背景下公共图书馆读者服务的创新发展情况进行分析，能看出在新业态背景下，读者服务发展过程中全面加强对数字技术和大数据技术的重视，对读者服务资源进行了全面整合，归纳整理了多种类型的图书资源，在一定程度上使互联网信息技术的支持下图书馆发展过程中能实现对资源的无限整合，可以在海量的资源中筛选出合适的资源为读者群体提供相应的资源供给服务，服务效能也得到了显著的提升，对于新时代背景下服务模式的重新构建产生着重要的影响。

第七，服务工作突出强调个性化。在中国社会经济体系建设呈现出全新发展状态的情况下，社会大众对公共文化服务的需求也呈现出多元化的发展态势。公共图书馆在发展过程中，为了满足读者群体的需求，需要结合大数据技术和人工智能技术对读者的个性化服务需求进行准确判断，按照个性化服务需求制定个性化的服务方案，使读者群体服务彰显出个性化发展特征，保障图书馆所开展的服务得到读者群体的高度认可。

第八，资源集群化发展迅速。新业态下，公共图书馆的资源载体价值不断提升，改变了传统学科融合和资源结构，更多普通人可以通过加入数字公共图书馆平台获取相关的信息，实现移动化、多渠道的信息互通方式。公共图书馆的资源集群效应越来越强劲，依托于日益完善的互联网环境，事物和数据得到有效的链接，使得资源集群更具价值。创新业态的不断增多，公共图书馆资源价值本身的不断多元化，对社会信息数据量提升发展的辐射和带动作用不断增强。

第九，公共图书馆的需求带动效应提高。新业态下，公共图书馆的发展带来了一定的社会效益和经济效益。在经济效益方面，大数据发展使得公共图书馆能得到更多社会群体资源的加入和助推，近年来智能终端的出现使得大数据在该领域应用的规模不断扩大，尤其是带动了我国数字公共图书馆的快速发展。多元化"智能终端"的出现，使得数字化公共图书馆边界的模糊消解，改变了传统公共图书馆业态，拉动了包括智能感知图书馆、移动数字公共图书馆等的发展，公共图书馆的需求带动效应水平也得到显著的提升。在社会效益方面，信息技术让很多人看到了公共图书馆的发展方向，也产生了公共图书馆新业态创新的热情和希望，新技术与新公共图书馆业态的融合，公共图书馆服务中的信息双方之间通过全方位感知的方式进行交流。公共图书馆新业态也促进了成本的降低，促进公共图书馆资源的聚集与协同创新能力提供技术基础。公共图书馆在发展过程中不断创新发展环境，分布式计算技术、自助图书馆、复合型图书馆等创新模式层出不穷，实现人、信息、资源的互动互联，同时新的智能元素也在源源不断地加入万物互联框架中，进而实现公共图书馆新业态的资源聚集作用，更好地发挥整体创新能力，进一步降低成本，对整个公共图书馆新业态发展起到促进与发展的作用。

（二）公共图书馆发展的趋势分析

1. 趋于人性化、大众化的服务

人性化、大众化的服务是公共图书馆未来发展的必然趋势，随着时代的发展公共图书馆面向对象的文化层次、文化需求、个性特点也会随之发生改变，年轻一代的读者获取图书相关信息的渠道不再是传统广告宣传、口碑宣传渠道，读者可能会因为看了一部电影、玩了一款游戏就会产生读书兴趣，因此公共图书馆可以通过网络线上平台或手机 App，针对不同用户的年龄层次、文化水平、性格爱好等来进行相关的图书资源推荐，并且还能通过在网络平台中开放图书预约、图书签售会等信息查询服务窗口，以充分满足图书馆用户的多元化需求。此外，公共图书馆也应对自身服务项目进行优化升级使服务内容能够涵盖所有年龄层的用户，应用智能模糊查询、大数据精准化投放等功能来降低读者用户图书查询和选择难度。

2. 建设更具社区文化属性的图书馆

新一轮文化体制改革中对公共图书馆的建设发展提出了明确的要求，公共图书馆需要为社区不同层面人群提供图书借阅、信息查询、信息记录保存等服务。因此，未来的公共图书馆将更具社区文化属性，并能结合人文关怀能够为年轻人提供学习提升、为成年人提供进修学习、为老年人提供消遣娱乐，接纳和服务不同年龄、职业、信仰的人群使公共图书馆具备综合性服务功能。此外，公共图书馆也应与同一区域下博物馆、艺术馆、文化广场等场所形成关联性，形成极具社区文化特色的服务设施和文化项目，这不仅能够改善提高人们的生活质量，还能通过文化宣传，向外吸引更多的人群共同参与到文化事业之中使社会公民的文化素质水平得到进一步提升。

3. 逐步构建完善的图书馆管理制度

为了更好地顺应社会未来发展公共图书馆还应对内部管理结构体系进行优化完善，引入全新的服务理念和科学化的管理模式，在图书馆管理工作的改善提升下才能推动公共图书馆事业向前发展。一方面，在图书馆工作人员的管理上应采取扁平化的管理工作模式，积极收取工作人员的想法意见，使工作人员也能参与到图书馆的建设发展中，在图书馆工作人员的想法得到反馈响应后，工作人员在后续工作中将更具积极性。另一方面，在图书馆管理工作中应合理利用信息化管理设备来提高自身工作效率，以更好应对不同读者用户在图书馆中遇到的问题。随着公共图书馆管理制度的完善，公共图书馆的服务质量、整体运营水平将会大大提升。

第二节　公共图书馆的主要特性

一、公共图书馆的公益性

（一）公益性的主要内涵

公共图书馆的性质是多重的，但最基本的特性就是公益性。简单来说，公益性指的是所有阅读者都能够通过各种途径享受到公共单位所提供的各种阅读服务，在这个过程中，不管是哪一个成员都能免费享受相关服务，这也是公共图书馆建设的最根本诉求。

从本质上来说，公共图书馆具有明显的公益性，它也是文化建设的一个重要渠道，所有的文化成果都能通过这一平台得到最完美的展示。同时，它也为群众提供了一个休闲的场地，让人们能够共享文化建设的优秀成果。

《公共图书馆宣言》特别强调："我们不能对开馆的时间进行过多的限制，人们可以根据自己的需要随时进入，不管是哪一个成员都应该能够享受到平等的入馆权限。在这个问题上，所有的成员都是完全平等的，不论他们来自哪一个国家，不论他们讲的是哪一种语言，不管他们的性别、职业、社会地位存在怎样的差异，所有的成员都需要被平等地对待。"

上述这些规定都为公共图书馆建设提供了根本的遵循，也是未来公共图书馆建设的标杆。普通的民众也会因此受到最公平的待遇，避免了因为门槛过高而引起的弱势群体的合法权益受损，使所有民众能获得自己需要的所有信息，这充分体现出了公共图书馆对民众利益的最大化保护。正是由于公共图书馆的这一特征，图书馆的免费开放程度才会大大提升，我国的公共文化建设才获得了崭新的发展空间，对其下一步的健康发展具有不可替代的关键意义。

（二）发挥公益性，建设公共图书馆

公共图书馆的职责之一就是让公共资源被民众所使用，使得社会发展更加稳定，民众权益得到最大化保护。这里的"民众"所强调的是大多数人，它更多指的是一个群体。正是因为有了公共图书馆事业的蒸蒸日上，所有的读者才能够被公平待遇，公共资源价值也才能够因此得到最大化彰显。公共图书馆在建设开始就具有明显的公益特征，在这种思维的影响之下，读者的利益得到了最大化保护，公共图书馆事业也随之而获得了崭新的发展，迈上了一个新的发展时期。发扬图书馆的公益特征，要求我们将人的价值放在发展的首位，关注读者的合法权益，促进其向着有序健康的轨道持续高效运转。以人为本是图书馆建设的一种重要人文理念，也是我们在工作过程中需要遵循的重要价值准则，它是其他工作的基础和前提。公共图书馆要将其最基本的受众读者诉求放在第一位，以高质量的服务为其工作的准绳，让读者的利益得到最大化保护，突出读者反映的重要价值。从某种程度上而言，读者的反馈也是判断这项事业发展建设情况的一项重要指标。所以，公共图书馆建设过程中应该将读者的口碑作为一个重要的参照标准，它具有明显的现实性。坚持从公益的角度出发来建设图书馆，能够为未来的图书馆建设能力的进一步增强奠定扎实的根基。

第一，充分发挥公共图书馆公益价值能够使得公共利益得到最大化保护。近些年来，经济的飞速发展带来了公共图书馆事业的蒸蒸日上，可以说，经济基础为公共图书馆发展提供了丰厚的土壤，公共图书馆的书籍类型也更为多样，图书馆事业在现代化建设的征程上开拓进取，读者从中获得了良好的阅读体验。不过，一些读者的需求具有明显的个性化特征，现有的文献难以满足他们的阅读需求，怎样使馆藏量增大以确保其类型的丰富是各个图书馆需要思考的一个问题。为了应对这一难题，不同图书馆应该加强合作，将各自的优势体现出来。公共图书馆对于自身应该有明确的定位，和其他图书馆资源互补，进而使所有的资源能够被整合在一起，使得每一个图书馆都形成自己的建设特色与优势。正是因为公共图书馆具有明显的公益性，这样他们各自才能彼此联系在一起，在统一的思维和理念的引领下，树立崇高的责任感，牢牢把握读者的阅读诉求，使得读者能够获得更为多样的体验。

第二，充分发挥公共图书馆公益价值能够惠及更多读者。公共图书馆是全民建设的结晶，它是读者智慧的集中体现，也是所有民众思维的高度凝结，从这个角度而言，它是所有群众利益的体现与凝结。公共图书馆资源应当为民众共享，每一个群众都有权利享受它所提供的每一项服务。遵循公益性这一基本诉求，社会当中就会多一份公正，读者也有了阅读自己想读书籍的权利。公益图书馆不能设置准入门槛，所有成员都有使用它的权利，都有享受相关服务的权利。正是这种资源共享的宝贵性，使得更多的人员参与到公共图书馆建设当中，使其受众范围明显扩大。

第三，充分发挥公共图书馆公益价值能够确保工作高效开展。公共图书馆的这一性质也就决定了从业人员思维当中建立起了一种崇高的公共意识。他们会认为自己所从事的工作是为了民众，为了广大民众的诉求能够被最大化满足。这样一来，社会当中就会多了一分美好，多了一丝温情，读者的利益也才能被保护。这种崇高的责任感和使命感会激发他们对于工作的奉献精神，他们能够从自己的工作中感受到快乐，也会真诚地对待读者，读者也会不自觉参与其中，公共图书馆的各项工作运转就会更为高效。社会的认可、读者的信赖都会成为公共图书馆提升服务质量的动力源泉。在这一动力驱使下，公共图书馆建设就会更加具有活力，各个图书馆才会去思考自己的出路以及创新的方向，工作业绩自然获得大幅提升。

第四，充分发挥公共图书馆公益价值能够和读者构筑和谐的关系。要想与读者保持一种和谐的关系，就需要公共图书馆以一种平等的态度对待他们。对于公共图书馆来说，它们所面对的是广大的读者，要对这种关系有一种明确的认知，才能更好地建设各种文献资源。读者对自身的诉求更为满足，他们在各种公共活动中具有更大的话语权。此外，公共图书馆需要结合读者的诉求进行各种服务的建设，优化传统的模式，提升服务的质量和水平，这是公共图书馆的重要使命。拓宽交流渠道，读者在公共图书馆建设中参与度提升，就会对公共图书馆建设以及服务提出建议，公共图书馆才会针对这些反馈提出较好的改进，服务才会更加具有针对性。

二、公共图书馆的基本性

基本性指的是在建设公共图书馆的过程中，要确保每一个成员都能够享受到基本的读书权利。就科学的角度而言，文化应该具有极强的包容性，它应该被所有的人公平享有，读书亦是如此。假如这一特性有所缺失，一些人就无法正常去读书，去受教育，去享受相应的文化成果。从更深层面分析，没有读书的权利，其实就意味着没有被公平地对待，文化就缺乏其该有的公平性。

在构建科学化、高效化、完美化的公共文化机制过程中，要将基本性作为一个重要的特性予以对待。简单来说，就是每一个老百姓都能够参与阅读、进行学习。政府在其中应该为百姓提供更加多元的阅读方式，书籍、报刊、电子文献都应该成为公共资源的重要呈现途径。从文化权利的角度而言，读书是每一个需要具有的一项最基本的权利。如果连最基本的权利都无法保障，就意味着一些部门不作为。面对文化资源分配的日益失衡，只有一小部分人能够听交响乐、赏歌剧。然而，我们需要切实保障居民读书的权利，这是公共图书馆的基本任务。

公共图书馆基本性的范畴包括以下方面：

第一，覆盖率。人人共享受的公共图书馆需要有相应的资源作为保障，而最基本的实现途径就是建设更多数量的公共图书馆，保障覆盖率，这样才能使人们的资源利用更加便捷。我国采用的省级划分形式，要求全部省份基本应该做到全面覆盖。然而，虽然覆盖率较高，但是数量不足的问题依然十分明显。在未来，城市范围的不断扩张势必会带来公共图书馆的相对短缺，我们需要不断加强建设，满足群众的文化需求。

第二，规定最低藏量。只有公共图书馆的书籍藏量足够高，服务水平才能跟得上。藏量是我们判断区域文化水平的一项基本指标。按照国际对于人均藏量的基本要求，通常是每人不低于2.5册。而一些公共图书馆由于建成时间较短，因此国际的基本规定是每人不低于1册，然后逐年提升。

第三，完善图书设施。最近这几年，公共服务的优化与改善逐渐为大众所关注，均等化发展十分迅速，大多数县城都不断建设县级文化馆，满足群众对于文化发展的多元化需求。然而，综合来看，我国公共图书馆建设存在明显的短板，设施类型较为单一，特别是一些偏远地区的图书馆设备更新的周期较长，场地面积严重不足，设备老化问题十分明显。这与当下图书馆发展的诉求是相互背离的。就所占面积而言，大多数公共图书馆所占面积与国家规定的标准不相吻合，很难满足公共图书馆规模化建设的需求。

三、公共图书馆的便利性

（一）便利性的主要内涵

便捷性指的是让读者在阅读的过程中能够以更快、更简单的方式享受到公共图书馆所提供的各项服务，让读者不再忍受等待的痛苦。《公共图书馆建设用地指标》明确要求必须将便利性作为公共图书馆建设的一项重要准则。例如在进行布局的过程中，要选择合理的位置来建设公共图书馆，通常所选择的是城市的核心区域，这里的人流量较大，具有良好的交通条件，周边配套设施十分完善，公交也十分便捷。同时，还抛出了服务半径这一基本理论，按照公共图书馆规模的差异来确定相应的指标。

一般而言，规模较大的公共图书馆需要保证读者在骑行一个小时的范围内达到目的地；规模中等的公共图书馆需要保证读者在半个小时的范围内到达目的地；规模较小的公共图书馆需要保证读者在 20 分钟的范围内到达目的地。这就使得读者能够合理安排自己的时间，这是服务半径的价值所在，公共图书馆的价值也被充分体现了出来。标准还特别强调，公共图书馆扩建是一个常见的事情，扩建不应该改变原有土地的性质，在原有土地的基础上进行公益活动，满足读者的阅读需求，这样所打造的服务机制才更加完善与健全。公共图书馆要将便利性作为一个重要的考核指标，通过多元化途径，有创意、有目的地引导读者从中获得满足感，真正营造服务至上的氛围，让便利性成为公共图书馆建设的重要原则。

（二）公共图书馆便利性的实现

1. 馆舍位置要考虑读者的便利

面对网络技术的高度发展，图书馆的距离早已经不是一个难题。然而，我们能否在较短的时间内达到图书馆仍然引起了众多读者的思索。网络图书馆和实体图书馆之间有着明显的差异，实体图书馆能够让我们在学习的氛围中感受到优雅、知性，这是网络所无法取代的。网络虽然具有极大的便捷化特征，但是它存在天然的缺陷，也不可能将所有的实体图书馆取代。人们渴望到图书馆汲取知识，那么图书馆的便捷性就尤为重要。日本在其研究中明确指出，大多数图书馆都应该保持在读者的 1.5 千米范围之内。还有一些国家强调，从任何一个地方出发，最长 20 分钟读者就应该见到一个图书馆。还有一些国家设置了各种各样的分馆，其目的就是满足读者的阅读需求。

2. 服务方式要方便读者

第一，要选择读者可以接受的服务方式。就内容的选择而言，要尽可能使读者较快接受。同时，还要从小处着手。在居民密集的区域内，可以设置一些街区分馆。这样一来，读者但凡有需求，都可以在第一时间去查找资料。此外，还有规模化的流动图书馆往来于城市之间，方便幼儿、残疾人、老年人的阅读。

第二，要从细节处着手，为读者提供便捷。例如，日本的大多数图书馆都专门在馆外放置了一个区域，读者可以在闭馆期间将自己所借阅的图书放在这一区域内，工作人员在开馆期间会第一时间进行还书办理，读者无须反复奔波于还书的路上；大阪的图书借阅在细节方面更可谓是做到了极致，在城市所有的分馆内，读者可以选择就近的分馆还书，无须再到借阅书籍的地方归还。

3. 加大资源组织的力度，让读者享受便捷

如果我们要对图书馆的文献单元进行一定的划分，那么我们需要将图书馆作为信息组织的关键与核心。在进行组织的过程中，我们应该做到：一是确保所搜集的信息类型全面、内容全面。二是在组织资源的过程中，要将读者放在重要的地位来予以考量，结合他们的需求来实施多样化组织。

具体而言，要考虑物力要素，结合载体的特征进行科学的安排。做到这一步之后，读者在定位和寻找各种资源时就会更加便利，时空的限制被极大地突破。可以从以下方面着手实施：第一，尽量让书库的开间比一般的区域大一些，阅览室格局应该与书库保持一致。同时，要将二者的距离尽可能缩短，这样的格局便于读者进行阅读走动。第二，借阅的过程中要使用开架模式。第三，对于新入库的书籍而言，要将它们放在专门的书架上，按照入库的次序进行编码，

读者在阅读时才会更加便捷地定位自己所需，时空限制被极大地突破。同时，要建立专门化的检索机制，使得馆藏图书在寻找时消耗时间更短，尽可能实现"一键检索"的目的。

在衡量一个检索系统是不是方便使用，有一定的检测标准，我们应该结合相应的标准进行系统设置。常常使用的标准是"检全率"和"检准率"。另外，读者可能会因为一个系统的费力而选择不去使用它，因此，便捷性也是影响读者对一个系统科学评价的重要因素。因此，检索系统需要考虑多方面的要素，不仅要强调结果的准确性，还要考虑过程的便捷性。同时，还应该充分考虑对电脑不熟练的人在操作检索系统时的便捷性，要让所有的人对这个系统都运用自如。这样的数字图书馆才更具魅力，为读者检索提供极大的便利。

四、公共图书馆的均等性

均等性是未来图书馆建设的一个基本目标，也就是要让所有的人能够被公平对待，享受到平等服务。众所周知，公共图书馆建设是一项重要的公益事业与公益文化，因此，每一个人都有权利享受到其中的每一个项目。均等性是全方位、宽领域的，它不仅强调的是不同国籍读者之间的均等，更针对不同性别、职业、社会群体提出了均等化的目标，要对所有的人一视同仁，不能加以区分。要让公民能够接触到各种类型的资源，享受阅读的快乐，让服务得到所有人的认可，这是图书馆建设的根本目标。

实现公共图书馆的均等性服务，可采取以下措施：

第一，要在财政方面给予公益事业发展必要的支持。所有公益性的事业都是免费的，图书馆也是如此，它所提供的资源是无偿的。不管是建设哪一级别的公共图书馆，当地政府都应该承担起总体规划设计的重担，将资金分配到各个项目当中。同时，还要为基层图书馆的系列建设工作提供必要的资金支持，包括基层图书馆建设、从业人员的专业技能培训、阅览室规划与设计、基层图书馆设备引进以及项目管理等。

第二，将多元化资源整合在一起，构筑完善的资源建设机制。不同的情报部门要严格合作规范，让高校以及相关部门能够参与到合作当中，推动公共图书馆能够拥有更加完善的资源获得渠道。要针对各种各样的图书馆进行明确定位，将它们各自的优势整合梳理出来，最终汲取别家优势，建立属于自己的资料分析库。此外，要紧紧围绕服务功能进行相关建设，使服务更加多元，特色专业更加突出，进而使得公共图书馆能够成为未来拉动经济发展的强大动力，进而为繁荣当地文化做出杰出的贡献。

第三，要遵循人的重要价值，强调人与人之间的绝对均等。图书馆工作人一样的使命就是更好地满足读者的多元化需求。图书馆应该充分认识到这一点，将读者的诉求放在发展的首位。在某种程度上来说，图书馆职能能否得到高效地发挥受到服务质量的直接影响。工作人员必须更新自我的服务观念，按照不同读者在心理诉求、知识体系、个体行为以及心理特色等方面的特征，构建适合读者的服务体系。真正去考虑读者的自我特色，确保自己所提供的服务是高质量、仔细、周到的，这才真正体现出图书馆对于人的价值的充分强调，在和读者双向交互的过程中收获平等、关爱与幸福。

第三节　公共图书馆的职能表现

一、公共图书馆的社会职能

在社会结构中，公共图书馆是不可或缺的一部分，它将社会中的文化教育和科学组成到一起，为社会储存文献，对继承和发扬知识成果做出贡献。如今，社会面临众多文化和经济任务，公共图书馆的职能可以帮助人们完成这些任务。机构、事物和人在社会中所起到的作用，被称为职能。其中，人能够承担的职位或职责任务的能力，被称为人的职能；在社会中，公共图书馆起到的作用以及拥有的职能，就是公共图书馆的社会职能，包括：

（一）引导阅读

读书可以提高个人品德修养、促进社会发展进步，公共图书馆有责任通过形式多样的阅读推广活动来倡导全民阅读。公共图书馆应该想方设法满足公众的公共文化需求，调动公众的阅读热情。公共图书馆可以通过微信、微博、网站等线上方式大力推广数字资源服务，让广大读者足不出户仍能享受到丰富的文化大餐。公共图书馆也可以开展了线上打卡阅读的活动，充分调动读者的阅读兴趣。

（二）开发信息资源

网络背景下，信息资源的类型更加丰富，信息喷涌现象频频出现，整个信息世界呈现出无序的基本特征，人们要想从中捕捉有用的信息存在极大的困难。公共图书馆在对入馆的各种资源进行整理时，必须对其进行一定的开发与加工，打造来源明晰、整理有序的信息集合体，这样读者在阅读的时候才会有更大的便利。

从资源开发的角度而言，公共图书馆的开发包括如下方面：①文献目录的制定、加工以及后期归类，方便对整体进行处理；②全方位检索馆外优质资源，建成专门的收纳库；③电子化、信息化处理，使馆藏文献的仓储更加便捷。

（三）增强文化道德修养

公共图书馆的社会职能能够增强公民的文化道德修养，公民利用丰富的图书资源和知识信息，可以增加自身文化知识，提高自身文化素养，提高自身价值。公共图书馆的性质是对公众全面普及书籍的，也要重视边远地区的书籍普及，让边远地区也能感受到精神文化的熏陶，提供平等的学习知识的平台，提升他们的知识文化水平，构建和谐、平等、互助的社会。公共图书馆同时也是城市景点，在闲暇时期，人们可以去图书馆里面阅读书籍，丰富精神世界。图书馆环境清净、学习氛围浓郁，有各种各样的知识讲座和文化鉴赏等服务，向人民群众传播新知识、新思想和积极的文化。

（四）传承发展人类文化

文字的出现对于人类而言具有划时代的意义，而书籍作为记录文化的重要形式成为传承文明的重要载体。书籍可以详细地记录历史，也可以将那部分最真实的历史展示给世人，这种对文化的延续是书籍最重要的功能之一。公共图书馆作为保存珍贵文献的重要区域，它们在文化留存方面发挥的作用是巨大的。当下，信息化飞速发展，科学技术也以前所未有的速度迈进。珍贵的文献我们需要将其留存下来，然后通过现代化的技术手段来对其进行处理。

1. 传承优秀传统文化

中华文明的发展历程绵延五千年，其内涵深厚。透过各种形式的中华文化，我们能够感受到它对于精神层面的高度追求。中华文化以其独特的内涵气质、悠远的内在品质、多样的外在形式奠定了中华民族最宝贵的品格，它悠远而又有气度，充满神韵，形成了中华民族最鲜明品质特色，滋养了宝贵的华夏精神，为无数中华儿女的成长提供了沃土。它是中华民族传承不息的根源，有助于推进全人类文明的共同发展。[①]

优秀传统文化是文化铸造的"根基"，是华夏儿女宝贵的精神财富，是我们在长期以来形成的最具中华品格的宝贵文化，是中华儿女以豪迈的姿态屹立于大国之林的底蕴，形成了长期以来华夏民族宝贵的精神品质、内在涵养、崇高品德、正确观念以及思维方法，铸造了华夏儿女顽强不屈、英勇无畏、果敢大义的精神特质。弘扬传统文化，能够让传统文化重新散发出其内在的生命力，也能涵养民族品格，形成整个民族的文化自信。这种自信是我们对于自己文化的一种高度认可。

然而，随着互联网、大数据、智慧化的深入、多元文化的交融，特别是在大数据时代背景下，不同文明、不同文化、不同思潮、不同观点在不同领域的互相渗透更加深刻，中华优秀传统文化的传承和发展受着极大考验，面临着巨

---

① 李瑞欢，李树林，董晓鹏．公共图书馆工作实务 [M]．北京：现代出版社，2018：22.

大挑战。公共图书馆作为收集、保存、传承、发展优秀传统文化的重要场所，有责任有义务传承好、发展好中华民族传统文化，留住中华文化的根，守住民族文化之魂，推动中华优秀传统文化走向世界舞台，服务各国人民。

2. 继承革命文化

革命文化是在长期的革命斗争中创立并形成的，以革命精神为内核，反映中国革命现实，凝聚共产党人和革命群众独特思想和精神风貌的文化。它继承了中华优秀传统文化的基因，汲取了中华优秀传统文化的营养，体现了共产党人的理想信念和崇高追求，彰显了共产党人的优秀品质，积淀着中国共产党人信念坚定、忠诚可靠、勇于担当、团结协作、甘于奉献、不畏艰辛、敢于胜利等高尚情操，是中国共产党和中国人民在革命、建设和改革开放各个历史时期形成的精神追求、精神品格和精神力量，具有革命性、民族性、大众性、时代性和创新性等特点。

公共图书馆是社会主义公共文化服务体系的重要组成部分，是人民群众学习成长的终身学校，必须坚持社会主义先进文化的前进方向，必须弘扬社会主义核心价值观、传播革命文化，必须弘扬主旋律，倡导正能量。

3. 保存与传承地方文化

地方文化是一定区域内历史悠久、特色鲜明、民众崇尚、至今发挥作用甚至有较大影响力的文化。它不仅是中华优秀传统文化的组成部分，而且是中华民族的宝贵财富，更是各地社会经济文化发展的标识和品牌。

地方文献是地方文化的载体，是综合反映一个地区政治、经济、文化、历史、地理、风土人情、名胜古迹等重要内容的区域性文献。主要包括地方史料、地方人士著述和地方出版物三部分。

地方史料包括当地党政机关、社会团体、学校、企事业单位编撰的反映本地历史、政治、经济、文化等方面的图书、图片、图册、报纸、期刊、音像制品，当地的史志史料包括地方志、部门志、企业志、人物志、风情志、风俗志、影像志、党史、校史、厂史、村史、事业史、大事记等，民间流传的谱录包括家谱、族谱、宗谱等，各种历史文献、古籍图书，当地民间流传的各类民俗景观图片、历史场景图片、金石拓片、书法、绘画作品、歌本、账本、地契，反映当地非物质文化遗产的文字、音像资料，等等。

地方人士著述包括当地名人志士的资料（家史、传记、书稿、专著、书信等）、当地籍或曾在当地任职、居住、工作的各个时代具有一定影响力的人士著述、日记、信函、传记、字画、回忆录、著作手稿、声像资料，等等。

地方出版物包括当地各级各部门编印的统计资料、会议文集、文件汇编、年鉴、地图、名录等内部资料和内部出版物及其他有价值的文献资料。

地方文化是地方文献产生的源头，是地方文献产生的前提和基础；地方文献是记载地方文化的重要载体，是地方文化的重要组成部分。公共图书馆作为收集、整理、保存文献信息并提供相关服务的法定单位，要充分发挥自己的职能优势和业务优势，切实做好地方文化的传承与发展。

二、公共图书馆职能的实现对策

（一）积极营造舒适的阅览环境

公共图书馆作为公共场所，充满特殊性，为了让读者在一个良好的环境中进行阅读，应保证公共图书馆中充满浓郁的文化氛围。公共图书馆要想吸引读者，必须保障人文环境的优越性。当前，很多城市和大学公共图书馆都非常有代表性。这些公共图书馆既有吸引人的外在优势，又有齐全的设施和良好的内部环境。馆内会出现名言警句，还有书画长廊供读者参观，读者能够随处可见各种宣传资料。在这种良好的环境中，读者可以潜心学习，获得心灵上的满足。

（二）提高馆内文献信息资源的质量

当前是一个知识经济大爆炸的时代，每个行业的竞争都尤为激烈，只有不断提高综合素质，才能在竞争中占得一席之地并取得成功。人可以通过阅读提升自身的综合素质，公共图书馆则是极其适合阅读的场所。公共图书馆应该是加工信息和发散文化的地方，让人们可以享受全面教育资源，提高综合素质，但资金等各个方面给公共图书馆带来很多限制，不能满足所有读者的需求。这时，公共图书馆需要从读者的实际情况出发，并结合自身特色，对馆藏资源进行相应取舍，保证其充满特色。公共图书馆还要科学地分析不同的文献信息，二次或多次加工馆藏资源，找到其中蕴含的规律，让检索查询服务变得更加高效和便捷。

（三）构建社会信息咨询服务中心

咨询服务指从用户需求出发，共享和传递不同的信息。在信息化时代，信息的增长速度难以想象，海量的信息无法得到人们有效的处理，因此，人们希望能够获得相关咨询服务机构的帮助，而这些服务工作正好在公共图书馆的范围内。众所周知，公共图书馆具有公共性和公益性的特性，而且其信息资源十分丰富，因此，公共图书馆能够为社会提供咨询服务。同时，在增加服务项目后，传统图书馆还可以提供更多服务，从而实现图书馆工作的不断进步。

（四）加快对信息技术的开发

文献资料和信息资源在很多公共图书馆中大量储存，为了体现公共图书馆的公益性质，这些资源应该得到充分利用。人们在当下对信息有了更多新的追求，如追求更高的效率，更加社会化、综合化等，而传统图书馆已经无法给读者带来更加主动的服务方式和内容，因此，公共图书馆要加快建设数字化信息体系，实行现代化的管理方式，让读者享受到的服务更加优质和高效，从而推动文化发展和社会进步。

概括来讲，可以从三个方面入手：一是在应用中使用计算机技术，让公共图书馆实现自动化、技术化以及数字化管理，让公共图书馆的服务更加人性化；二是使用多媒体技术手段，让读者享受到的信息服务更为多样和专业，不再由于时间和空间而单一化和简单化；三是将公共图书馆建成研究中心并聘用专业人员，通过他们的专业技术，探索和分析公共图书馆中的文献，将充满特色的服务提供给高层次读者，从而为人类社会的发展做出应有贡献。

第四节　公共图书馆馆员素质培养

公共图书馆馆员作为知识服务者，其服务能力的提升有赖于自身的信息素养和知识水准。图书馆员是图书馆的灵魂，是用户与情报之间的桥梁和纽带，只有具备与现代化图书馆相匹配的现代化素质，才能促进图书馆发展的现代化。值得注意的是：现在公共图书馆的馆员除了事业编，还包括政府购买服务，甚至第三方社会力量参与的图书管理员。这些馆员的素质培养是一致的。

一、公共图书馆馆员的基本素质

（一）思想素质

公共图书馆馆员需要具备良好的思想素质，这主要体现在以下几个方面：

第一，公共图书馆馆员需要具有极强的责任心，能够认真、细致地为读者解答疑问，并且要实事求是，保证自己的回答是正确的，符合读者的需要。

第二，公共图书馆馆员需要具有良好的工作态度，对待所有读者都能够热情服务，为读者提供更加舒适的学习条件。例如，当读者遇到问题时，公共图书馆员可以为读者推荐相关书籍进行阅读，让读者可以更快地解决问题，提高学习效率。

第三，公共图书馆馆员需要注意自己的言谈举止，在为读者服务的同时，首先需要管理好自己，这样可以使图书馆员的管理过程更加具有说服力，保证图书馆管理工作能够顺利进行。

（二）专业素质

公共图书馆馆员需要具备扎实的专业技能，熟悉图书馆管理的各种流程，通过丰富的管理知识对图书资源进行管理，从而科学合理地对图书进行分类。

公共图书馆馆员需要具备的专业素质主要体现在以下两个方面：

第一，公共图书馆馆员需要具有良好的信息化管理水平，能够对图书进行有效的整理与分类，这样更加有利于图书资源的管理，便于对图书资源进行查找。例如，当读者想要阅读教育方面的书籍时，图书馆员可以按照图书分类快速地确定教育类书籍的位置，从而为读者提供正确的指引，快速地找到想要阅读的书籍。

第二，公共图书馆馆员需要懂得文献学、目录学等多方面的知识，为图书资源的管理提供重要依据，进而为读者进行更好的服务。

（三）心理素质

公共图书馆馆员是一项非常枯燥的工作，其绝大多数时间与图书和读者打交道，极易产生烦躁的情绪。因而，公共图书馆馆员需要具备过硬的心理素质，主要体现在以下方面：

第一，公共图书馆馆员需要具有极强的意志力，能够克服图书馆管理工作的枯燥性，更好地为读者服务，避免影响读者的服务体验。

第二，公共图书馆馆员需要具备攻克难关的能力。长期与读者打交道必然会遇到一些难题，图书馆员需要及时地解决问题，与读者更好地相处。

第三，公共图书馆馆员需要做好心态方面的调整，这也是身为一名图书馆员需要克服的难题，只有这样，才能够全心全意地投入到公共图书馆的管理中，避免将工作中的不良情绪带给读者。

二、公共图书馆馆员素质的培养措施

（一）注重提高馆员的信息素养

当今社会，媒体技术渗透到各行各业中，媒体技术环境下馆员需要善于搜索和发掘网络上有价值的信息，并且能够对信息进行快速加工，保证发布内容的及时性和准确性；另外，要重视提升馆员与用户沟通的技巧，对于用户的咨询和评论要提供合理的答复和建议，要维护公共图书馆的良好形象，还要做好工作时间的衔接（主要是网络平台的工作时间，在图书馆闭馆以后，网络平台需要保证有馆员随时在线回复用户的提问）。

在提高馆员业务水平的同时，图书馆要重视利用新媒体技术进行宣传推广，如微信公众号可以通过语音、视频、超链接等功能来推送相关信息，运作的成本低廉、操作简单快捷、推送信息精准优质；新浪微博则可以通过在线直播讲座进行推广，信息传播十分快速，发布信息的门槛较低。图书馆要充分利用各种网络平台的优势，创新宣传推广的渠道和方式，这就需要公共图书馆馆员拥有良好的信息素养，才能促进图书馆网络平台的健康发展。

（二）实行岗位轮换制

在网络环境下，公共图书馆的阅览、典藏、采访、咨询和流通等工作之间是存在紧密联系关系的。要使得网络环境下图书馆工作的能够顺利开展，应在图书馆各项工作中实行岗位轮换制度，从而建设一支综合素质过硬的复合型人才。图书馆员通过不同工作岗位的交流学习和轮换，不仅可以对图书馆各项工作的业务流程更加熟悉，而且也可以学习到了更多的服务技能，更利于图书馆各岗位工作间的协调和沟通，从而促进图书馆员之间经验交流、互相学习，有效地增加了图书馆员之间的凝聚力，从而在网络环境下有效地提高图书馆员的整体素质和服务水平。

（三）加大岗位培训与继续教育力度

在我国图书馆事业的发展过程中，管理者应具有发展的眼光，为图书馆的发展制定长期的发展计划。在图书馆建设中坚持学用结合和按需施教的原则，建立岗位培训和继续教育体系，并将其贯穿在图书馆馆员的工作过程中。基于此，首先可以选择进修教育方式，在图书馆员中选择业务能力出众的馆员，为其提供进修的机会，学习目前图书馆领域中的新方法和新理论；其次鼓励图书馆员积极主动地参加或自学各类培训教育，不断完善自身的知识结构；最后根据馆员工作岗位和知识结构的不同，组织参加相应的岗位培训，使其掌握更多的先进专业知识和先进技术。

（四）增强对馆员的职业道德教育

从事图书馆工作必须要具有较强的工作责任心和职业道德，提高图书馆服务和业务水平的前提就是提高图书馆员的职业道德素质。通过对馆员进行系统的职业道德教育，使其对自身有全面的认识，清楚自身存在的不足，并树立其崇高的职业责任感和荣誉感，并具有甘于奉献的精神，热爱自己的工作，从而全心全意地为广大读者提供更优质的服务。

第二章 信息时代公共图书馆读者服务研究

第一节 公共图书馆读者结构与类型

"读者"一词的"读"是沿用远古时代的"看"的意思，而不是读出声来让别人听，或为强化记忆而反复阅读的意思。现如今，"读者"一词的意义已经发生巨大变化，外延也有很大拓展。所谓内涵即事物的本质，"读者"的本质内涵是接触信息、认知信息和使用信息的社会主体，这个社会主体既包括个人，也包括群体，乃至集体。图书、文献信息的读者则是指接触图书、文献信息，认知图书文献信息，并根据需要使用图书文献信息的社会主体。

读者的形成，一是要具有阅读对象——信息文本，二是要有阅读的需求，三是要具备接触、认知、使用信息的能力。我们知道，读者是一定社会条件即社会经济和文明发展自然形成的结果，是信息需求者满足阅读诉求的必然结果。前者是读者形成和出现的客观社会条件，后者则是读者自身所必须具有的主观条件和因素，两者缺一不可。

一、公共图书馆读者结构

所谓结构，是组成一个整体的各个因素之间内在的稳定的联系。读者群体的结构相当复杂,有必要对其做出详细了解,以便有针对性地开展读者服务工作。

(一)读者结构概述

所谓读者结构,是指构成读者队伍的社会因素和自然因素之间内在的稳定的组织系统。特定环境下,由于受文化教育和社会任务乃至民族、地域、性别等因素的影响,趋同读者会产生相同或近似的情感、观念、态度和阅读诉求,同时,由于读者年龄、性别职业等差异,读者的阅读诉求和具体行为会表现出不同的特点。所以说,包括图书馆读者在内的读者也是有不同层次和类别的,这些不同层次和类别的读者构成读者的整体结构。按读者队伍的社会因素划分,读者结构可以分为职业结构、知识结构、民族结构;按读者队伍的自然因素划分,读者结构可以分为年龄结构、性别结构、生理结构、地域结构等。某一具体图书馆读者的构成,就是由不同职业、文化水平、民族、性别、年龄、专业素养读者构成的组织体系。

读者结构展现了图书馆队伍构成,反映了图书馆的服务对象。不同文献的需求和使用程度受读者结构影响,不同的读者结构对馆藏书的要求也不同,而且,读者结构和图书馆藏结构之间相互影响、相互制约,馆藏结构和读者结构两者之间要互相调整直至匹配,才能实现图书馆的健康和谐发展。也就是说,随着读者结构发生变动,馆藏结构也要进行调整以适应这种需求;当馆藏结构建立后,要重新明确自己所服务的读者结构,不然,会降低书籍的使用率和流通率,形成死书或呆滞书。因此,读者结构的研究是非常必要的,它使我们了解和掌握图书馆的读者队伍构成现状及发展趋势,为做好图书馆服务工作提供现实依据。

同时,读者结构是一种无形的客观存在,是一个动态发展变化的主体系统。读者结构虽然有一定的稳定性,但是随着历史和社会的发展,以及现实需要和读者个人发展需要的变化,而随时会发生变化和整合。比如同样处在改革开放的年代,虽然还是那样的读者群体,但是其内部会因读者诉求的变化而出现结构调整。另外,读者结构具有内在联系的组织系统。这一点容易理解,这里不展开论述。

读者在接触文献、认知文献的过程中，具有以下特点：一是具有接触、认知文献的主动性和目的性。二是具有接触、认知文献的选择性，主要是人的精力有限，只能选择自己最需要、最感兴趣的文献进行阅读。三是接触、认知过程的中介或传输途径具有多样性。现代化的图书馆拥有多种载体文献，能为读者接触、认知文献提供所需要的中介和传输途径。四是认知过程具有综合性。读者会结合自己已有的认知，不断对文献信息进行综合性加工处理，与已有的知识建立新的联系，丰富发展自己新的知识系统。五是接触、认知文献具有创造性。

（二）读者结构的划分

1. 年龄结构

所谓年龄结构，是指图书馆的读者群按年龄段划分构成的比例，其所反映的是读者接受和理解文献过程中的心理素质和智力状况。

年龄是人类的自然属性，不同年龄段的读者智力认知能力和社会分工不同，自然表现出对文献信息需求层次的差异性，呈现各自不同的阅读兴趣、阅读目的和阅读方式。这也是我们针对不同年龄段读者的上述特点开展读者服务工作的原则和依据。虽然年龄的增长为吸纳积累知识创造了时间条件，但随着新媒体科技和计算机技术的飞速发展，以及图书馆数字化的加快，人类获取知识和信息的手段方式增多，为年轻人学习、研究、娱乐创造了有利条件。年轻读者是图书馆和文献资料的主要使用者，因此，图书馆如何引导年轻人有效使用图书馆文献资料，进行学习研究（包括休闲娱乐），是一个应该引起重视的问题。

不同年龄段的人对文本的理解不一样，儿时喜欢读《西游记》，成年后可能喜欢读《红楼梦》。所谓读者年龄特征，就是指读者在生理、心理、智力机制方面正常发展的情况下呈现出来智力和心理状态。我们依据年龄可以将读者划分为少儿读者、青年读者、中年读者和老年读者等多种类型。少儿读者所表现出的阅读内容、阅读方式、阅读目的、阅读兴趣等特性，明显不同于其他年龄段的读者。青年读者在成年读者中是最充满活力的，也是较为复杂的读者群体。

他们对各种事物和信息具有强烈的好奇心、敏感性和探求精神，他们所表现出现的阅读内容、方法和兴趣等方面的特性具有多样性、复杂性和不稳定性。中年读者是读者群体中相当成熟的群体，体现在人生阅历、专业知识和思想水平方面相对成熟，所以他们在阅读内容、方式和兴趣等方面都具有明显的稳定性和专指性。老年读者则是读者中最为成熟的群体，但与中青年读者相比，老年读者的好奇心消退，保守求稳思想增加，较少受新思想、新观念的影响。他们中有已退休的从事科研教学的读者，其已从过去以满足科研、生产、教学等专业需求的阅读为主，转向以阅读娱乐消遣和健身养老等文献为主。需要注意的是，由于受老龄化社会和互联网的双重影响，公共图书馆读者发生了明显变化，中老年读者正逐步成为其读者群的主体，公共图书馆应重视对老年读者的服务工作。

2. 性别结构

性别也是人的自然属性，由于性别的不同，男性与女性虽然具有许多共同的阅读兴趣、内容、方式，但在阅读过程中所表现出来的心理与行为活动是有明显差异的。有关调查研究表明，男性大多具有较强的竞争意识和攻击性，富于理性和自信心，他们理想远大，自我控制能力较强，善于抽象思维；女性则大都富于感性和依赖性，善于形象思维，进取心弱于男性，更愿意寻求他人的帮助。这些心理活动特征深刻地影响着读者的图书馆活动，影响着读者对图书馆资源的利用。

在图书馆读者服务工作中，包括在家庭、社区中，人们发现，读者的性别差异反映在阅读需求、阅读兴趣和阅读能力等方面，与读者的年龄是密切相关的。如少儿读者，在阅读兴趣方面，男性读者要比女性读者广泛，而在阅读能力方面，女性读者要比男性读者强。人到中年，男性读者在阅读兴趣和阅读能力两方面，在大多数情况下，都超过女性读者。再者，由于社会分工、家庭角色和负担，以及生理差异，男女读者的阅读需求和阅读兴趣等方面也存在许多差异。比如，女性读者除了对与自己相关的行为、职业信息有阅读需求和兴趣外，对与生活、社会有关的文献往往要比男性更感兴趣，新闻界所做的一些读者、听众调查也佐证这一观点。男性读者除了对事业发展、行业、专业方面的文献信息感兴趣外，对时政类、政治法律类、健身类、娱乐类的文献信息往往比女性读者更感兴趣。读者的性别结构和特征提示我们既注重和满足不同性别读者的阅读内容和兴趣方面的需求，同时也应更多关照女性读者，多为她们创造有利于增强阅读兴趣、提高阅读能力的条件和机会。

3. 职业结构

所谓职业，是指人们为了生存并能从中获取报酬所从事的某种业务或工作，它既是社会分工的需要和必然，也是人们赖以谋生的手段。社会分工不同，职业种类也多种多样，按行业大类区分，有工业、农业、商业、科技、教育、卫生等行业，每个行业中又有许多具体的职业、专业和工种。如果按照从业的时间来区分，职业又可区分为终身职业、阶段性职业和临时性职业。而职业结构是指读者在文献阅读过程中所体现出来的各种职业需求的比例，它主要表现为阅读中的职业需要、职业兴趣等特征，其作用主要表现在它能反映出读者相对稳定而又持久的阅读倾向。

从读者职业结构角度来说，不同的读者职业结构决定着阅读活动的不同内容和形式，构成读者群的不同类型。而稳定的职业结构，长期影响着读者的阅读取向。

读者职业特征是指读者从事某种职业、专业工作所表现出来的职业需求、职业兴趣和职业阅读活动的综合现象，这种现象反映了这类读者连续持久的阅读方向和发展趋势。就高校教师而言，从事高等教育和科研的大专院校教师的职业特征就是所从事的教学和科技具体职业的需求与兴趣，以及阅读文献活动的过程，而且通常会再现反映出他们相当长时间内持续不变的阅读方向和发展趋势。他们热爱本职工作，具有献身精神，为了教学和科研事业刻苦钻研，努力实践，表现出对本专业有关文献的强烈兴趣、高度的敏感性和特殊的驾驭能力，这是此类读者职业特征在读者阅读行为中的典型表现。

当然，不同职业、不同专业、不同行业和工种的读者，具有不同的阅读需求、阅读方式和阅读特点。他们虽有某些共同的阅读特征，但也有明显差异。大学教师和工人的阅读特征不会一样；文艺读者和农民读者的阅读特征也有明显差异。认识到这一点，对于图书馆是有意义的，可以有针对性地开展读者服务工作。

4. 文化结构

所谓文化结构，是指通过学校教育具有一定学历的读者在文献阅读过程中所表现出来的文化程度和知识范围的需求比例。文化结构主要表现在读者的文化特征上，即具有一定教育程度和文化水平的读者在文献需求上所表现出的内容深度、阅读方式、阅读目的的层次级别。文化结构能够反映读者对文献信息的接受能力和利用方式。不同文化水平的读者对文献的阅读内容、范围和深度是不同的，对图书馆的利用方式和需求价值也是不同的。当然也有例外。比如高校教师对文献信息的需求主要表现为二次文献信息和三次文献信息的需求，通常会充分利用图书馆特殊文献，以参考咨询和文献检索为主要利用方式，而一般的读者大多只阅读中文普通文献。

读者文化特征是指具有一定学历和专业技术职务的读者在阅读内容、阅读方式和阅读目的等方面所表现出来的层次上的差异。读者文化特征既反映各种教育程度和不同专业技术职务的读者在文献信息的阅读对象范围和阅读水平方面的差异，也反映其对文献信息利用方式及需求价值上的区别。我们重视和研究读者的文化特征，可以把握图书馆读者文化特征的主流，做文献采编、保藏和流通服务工作，更好地发挥图书馆的作用。

5. 民族结构

所谓民族，是指人类历史上形成的处于不同社会发展阶段的共同体，是在文化、语言、历史或宗教上与其他人群在客观上有所区分的一群人。但现代的民族概念已然单指文化概念，与种族不同的是，民族单指文化区分，非生理基因的区分，与国族不同的是，民族是国族的产物，国族是以政治、文化凝结成的新族群，在政治、文化高度融合的背景下，国族都会转化成民族概念。

民族有跨国的情况，比如朝鲜族是我国的一个少数民族，而韩国和朝鲜则以朝鲜族为国家主体人群。多国共有的民族既有共同的民族特征，也受所在国政治、文化、社会、经济环境的影响而出现变化。我国是一个多民族的国家，各民族政治、经济、文化、教育的发展，以及语言文字的应用各不相同，而且具有不同的民族特点，这必然形成不同民族读者在阅读兴趣、方式和内容上的差异，这种差异在我国云南、广西等多民族地区表现得尤为突出。

我国少数民族区域的公共图书馆应本着民族平等的精神，做好不同民族读者的服务工作，在服务过程中，尊重不同民族读者的民族传统和风俗习惯。其他地区、类型的公共图书馆，也应针对本地区不同民族的传统和习俗，尽可能收藏一些少数民族文字的出版物，满足不同民族读者的特殊需求。

6. 特殊生理结构

所谓特殊生理结构，是指丧失部分生理机能的读者群所表现出来的生理结构和特点，这部分读者尽管由于生理上有缺陷，造成工作、学习和生活上的不便，但是他们的大脑和常人一样，是健全和正常的，他们同样具有阅读文献的需求和能力。一些有视障、听障等问题的读者，可以通过特定的文献信息进行阅读。这些特殊读者在阅读文献类型、阅读手段和服务方式上，受生理缺陷的制约，有特殊的需求。比如听障读者通过手语阅读，盲人读者通过触摸盲文读物阅读等，图书馆应为他们提供便捷的服务，有条件的图书馆还应上门开展服务。

二、依据借阅方式区分的读者类型

读者群体是由具有不同个性和心理特征的个体读者所组成的。图书馆工作价值目标是读者第一，服务至上，要实现这一价值目标，就应该了解读者的不同类型及不同的心理和行为特点，有的放矢地做好读者服务工作。

分类是为了发现事物不同类型之间的差别，进而发现、研究和掌握其个中规律。划分读者类型，目的在于掌握和研究各类读者的阅读心理、阅读需求、阅读内容和偏向，以及阅读方式等方面的特征和规律，以便于我们采取有针对性的服务方式和方法，搞好读者服务工作，避免盲目服务、无效服务。

对读者进行分类有不同的角度和标准。从职业角度分类，有工人读者、农民读者、军人读者、教师读者和机关干部读者等类型，从年龄角度分类，有少儿读者、中青年读者和老年读者等类型，从性别角度分类，有男性读者和女性读者；从读者与图书馆的关系角度分类，有正式读者、非正式读者、长期读者等类型；从读者借阅的角度分类，有研究型读者、学习型读者等类型；从新媒体时代读者接受文献信息方式变革的角度分类，有到馆读者、虚拟读者等类型；从图书馆组织形式角度分类，有个人读者、集体读者和单位读者等类型，不一而足。

我们根据图书馆借阅方式所区分的个人读者、集体读者、单位读者、临时读者，综合学界的研究成果，概述如下：

（一）个人读者

1. 现实到馆读者

个人读者是图书馆服务的主要读者类型，也是图书馆的主要服务对象，它是以社会自然人为单位独立地利用图书馆从事阅读活动的个人用户，其中包括各种不同成分的个人读者。根据文化和旅游部图书馆岗位培训教材《读者工作》，个人读者分为少年儿童读者、大学生读者、教师读者、科技读者、干部读者、工人读者、农民读者、军人读者、居民读者和残疾人读者等。这里将几类主要的个人读者分述如下：

（1）少儿读者

少儿读者即少年儿童读者。所谓少儿是指 6 ~ 15 岁的少年儿童，由于这个年龄段的少儿主要是中小学学生，所以也称为中小学读者。少年儿童也有心理和行为差异，包括阅读心理和行为差异。他们正处于半独立、半依赖、半成熟、半幼稚的人生阶段，受客观、外界影响大，心理和行为具有较大的可塑性。初中二年级以后的中学生还会不同程度地出现逆反心理。所以，对这一年龄段少年的学习和思想引导尤为重要。我们应该通过包括引导读书在内的各种方法使他们在这一阶段身心得以健康成长。家庭、学校和图书馆应努力帮助他们养成良好的读书学习习惯，引导、启发他们获取广泛的知识，打好基础，增强心智，健康成长。这一年龄段的读者在阅读学习中有一些共同点，即爱读书、身心好动、求知欲强，但学习持续时间短，阅读内容和兴趣广泛又通俗浅显，有初步理解能力，但以形象思维为主，随着年龄增长，尤其到了初二以后，他们的阅读自觉性、选择性及理解能力都会逐步增强。

少儿读者阅读需求主要有以下特点：一是多层次性。小学低年龄段儿童喜欢图文并茂、画面生动、文字简洁、色彩对比鲜明的图书。小学高年龄段儿童除对神话、寓言、童话感兴趣外，还喜欢阅读英雄故事，对科幻图书及描写儿童心理、生活的短篇小说也有一定的兴趣。对于小学高年龄段读者而言，其自制力逐渐增强，有自己的阅读兴趣，且能较长时间阅读，比较爱看装饰精美、以文字为主附以插图、故事强的图书。而少年读者除喜欢阅读科研、历险故事外，对校园、青春小说也开始感兴趣。当然，他们也喜欢阅读与学业有关的知识性读物。二是从众性。阅读行为、兴趣容易受他人影响，产生阅读的从众性，别的同学在阅读什么书，他们也会从众，借或买来阅读。三是周期性。比如周末、法定节假日和寒暑假，是他们阅读较多的时间段。

（2）大学生读者

大学生读者具有双重的阅读特点，既是青年读者又是学生读者，既有着繁重的学业负担，又有着对文化知识的渴求。他们是各类图书馆读者的生力军，也是图书馆服务工作的主要对象。从人的生理年龄角度来说，大学生的生理机制、心理机制已经基本成熟，大多已形成人生观、世界观和价值观，他们的智力已经得到较为充分的发展，生活独立性增强，思想活跃，抽象思维能力和观察分析能力明显比少儿时期强，具有强烈的自我意识。

大学生读者阅读面和阅读深度不同于少儿读者，也不同于未读大学的青年读者，他们阅读的一个重要特点是紧密地与所学专业及未来职业、工作需要相结合，以系统学习专业知识，掌握专业技能，在此基础上也会利用好时间，扩大知识面，拓宽阅读面。

观察研究大学生的阅读内容和行为，可以发现，大学生读者阅读行为具有以下特点：

一是将图书馆作为学习的第二课堂。他们充分利用图书馆文献资料，吸取知识养料，同时善于充分利用网络进行学习研究，并且随着时间的推移，其阅读学习的自觉性、选择性和专业性不断增强，阅读能力日益提高，更加善于利用文献资料。

二是阅读兴趣和内容广泛。大学生读者除了阅读与教学和专业内容直接相关的文献外，还会根据自己的兴趣爱好，广泛涉猎、选择教学内容和专业以外的其他专业领域文献来丰富自己的文化知识、满足自己的兴趣和爱好，以提高自身的综合素养和学习研究技能。

三是有较高的阅读层次和水平，注意精选所阅读的文献资料。具体来说，就是对文献内容的质量、内容范围，以及文献外在形式、设计等方面都有一定的要求。

四是使用文献具有阶段性，呈波浪式发展的态势。因为高校教学是根据教学大纲和教学进度按计划进行的，所以每一个阶段的大学生具有相对稳定的阅读需求，主要是各种参考书、相关专业书籍和报刊的阅读需求。此外，一个学期又可以分为开学、上课、复习、考试和放假等阶段，周而复始，循环往复，具有规律性。因此，大学生阅读和借阅呈现从高峰期、平稳期、萎缩期，再到高峰期的同期性变动特点。同时，大学生读者还有一个特点，就是对所学知识和文献的使用都是有计划、按步骤地进行的。

（3）教师读者

教师读者是指从事各类教育教学的读者，既包括普通高等学校、各类成人高等教育学校、中等专科学校、中小学及各类培训教育机构的教师，也包括特殊学校的教师和幼儿教师。教师读者是各级各类学校图书馆的重要服务对象，也是公共图书馆的服务对象之一。教师读者由于工作性质的需要和个人素养提升的现实迫切性，特别需要持续不断地吸纳新知识，以促进自己的教学水平、科研能力和个人素养的提高，所以他们是各级各类图书馆的常客。教师读者阅读行为主要有以下特点：

一是阅读内容复杂多样。由于教师群体繁杂多样，其表现出来的阅读行为也具有需求多样、博杂的特点。具体来说，大学教师读者与中小学教师读者阅读内容、差异很大，即便同为大学教师读者，不同专业、学科也相去甚远。另外，教师读者肩负着教书育人使命，自身综合素质需要提高，也存在接受文献内容出现博杂、多样的情况。

二是教师读者利用图书馆文献的方式存在很大差别。如大学教师读者由于肩负教学和科研双重任务，在阅读过程中，阅读目的明确，阅读范围相对集中，通常以专业文献和相关的二次文献为主。且大学教师读者对专业性和文献的品种、类型、范围、时限、深度等方面要求很高，希望文献的品种和数量相对稳定，以满足教学之需。而中小学教师读者阅读方式则以借阅有关教学参考资料、基础理论读物和思想文化修养类的文献为主。

（4）科技读者

科技读者是指各行各业各界从事科学技术研究的读者，其中包括科学技术研究人员、工程技术人员、医生、作家和文艺工作者等。如果按专业技术职称对科技读者进行分类，有高级科技人员、中级科技人员和初级科技人员，当然也应包括没有评聘上职称的科技人员。为分类清楚，便于分析，这里所指科技读者不包含之后将要论述的从事科研工作的教师读者。科技读者是图书馆读者中的主要读者和重点服务对象，全国大多数省市自治区还设有科技图书馆，这类图书馆中的读者当然以科研读者为主体。

科技读者是一个特殊的脑力劳动阶层，与其他知识型读者对文献的需求不同，他们在阅读活动中有以下特点：一是对文献内容方面的要求较高，他们对文献内容的广度、深度和难度的要求都超过一般读者，有的高级职称科技读者还有阅读外文文献的要求。二是对图书馆硬件服务和软件服务的要求较高，他们希望图书馆不仅提供图书期刊文献服务，还能提供二次文献、三次文献的揭示和报道服务，以提供参考咨询、文献检索等多种形式的主动服务，有利于他们开展具体的科研课题和其他科研项目，以及文献调研工作。这对图书馆的硬件建设和服务工作提出了相当高的要求。

观察发现，高层次科技读者的阅读特点还表现在借阅呈明显的阶段性特征。在选题阶段，他们通过查阅文献，了解国内外最新研究状况和可供选择的文献的研究价值，以避免选题重复无意义；在调研阶段，他们在选题基础上，进一步查阅资料，收集资料，启发思路，确定研究方向；在总结、撰写论文或进行具体设计阶段，他们核对资料，浓缩资料，充分查阅原文；在评审阶段，他们从资料角度对研究成果进行验证，来鉴定审查成果，观察其学术价值和现实意义。

（5）公务员读者

公务员读者是指在国家党政机关工作的读者。这类读者从事各级各部门的行政管理和决策工作，需要考察各种现实的或潜在的因素，作为制定政策、规划和实施管理时的参考依据，所以公务员读者阅读行为特点表现为比其他类型读者更关注具有战略前瞻意义的综合动态信息和专业、行业领域的事实性信息。公务员读者对文献资讯的政策性、权威性也更为关注，同时希望图书馆能及时为他们提供所需的文献信息。此外，他们对时政、法律、涉外、政治、军事和外交方面的文献也要比其他类型的读者更为关注。由于党政工群等机关除有综合宏观的党政事务管理部门外，也分门类和行业，公务员既有国家级党政工群机关，也有县级机关党政工群，既有机关领导，也有普通公务人员，他们的文献阅读行为也表现出一定的差异性。

（6）工人读者

工人读者是指在厂矿企业、商贸、交通运输、邮电、建筑、服务行业及第三产业从事体力劳动的读者。也包括党政机关的勤杂人员。他们以初高中文化为主，学历不高，人员众多，成分复杂，层次多样，也是图书馆读者队伍中的主要读者类型。

工人读者是各级公共图书馆和工会图书馆的主要服务对象，其阅读行为特点主要有以下四点：一是青年工人读者占据相当比例，他们思维活跃，容易受到各种社会思维的影响，阅读行为表现为追求社会时尚，对反映社会现象和问题的文献容易形成流行性的阅读现象。二是工人读者学历和文化水平普遍不高，选择的文献内容多以文艺作品和普及性读物为主，阅读目的是丰富知识，陶冶情操。也有一部分工人读者会根据自己的兴趣和条件钻研业务技术，选择浅显的专业技术书刊阅读研究。三是工人读者只能利用业余时间到馆阅读。他们平时忙于工作，周末、节假日和下班后才有阅读时间，才可能到馆阅读或借阅。四是工人读者十分注重阅读文化补习和业务技术等文献。由于社会需要和工作压力，以及文化考核、专业技术职能评定的需要，工人读者必须不断提升自己的智能和知识水平，因此他们十分注重阅读文化补习和业务技术等文献。作为公共图书馆，在为工人读者服务的过程中，应该重视工人读者的阅读特点，尊重和满足他们的诉求，同时加强引导，向他们推荐需要的文献。

（7）农民读者

农民读者是指身居农村、以农林畜牧渔等大农业生产为业的读者。农民占中国人口的绝大多数，是图书馆最主要的潜在读者。我国农民有个特点，即身居农村，接触外界资讯不多，也不十分主动，但新一代农民大多具有初高中学历和水平。随着农村市场经济的发展，交通建设的加速，以及广播电视和互联网的接入，农民的职业成分和知识追求发生很大变化，东部沿海地区乡村和城市周边乡村的农民思想观念和文献需求已基本接近城市工人读者和居民读者。一些农民学科学、爱科学，运用科技从事农业生产和经营，尤其对种养专业知识文献情有独钟；一些发家致富的农民读者注重文化娱乐文献知识的阅读和学习。

农民读者阅读行为的特点主要有两点：一是在文献需求上注重选择娱乐性、通俗性、知识性、普及性文献。二是他们身居乡村，进城到馆阅读不方便，即便去，也是偶尔为之，只能算作是图书馆的临时读者和潜在读者。

针对农民读者的阅读行为特点，有关部门已经拨出巨额经费在乡村建农家书屋，沿海发达地区乡村也建有一定规模的农民图书馆或书报阅览室。作为专门为公众服务的图书馆，也不能忽视农民读者队伍这一庞大的潜在读者，应根据农民读者阅读特点，做好相应服务，比如举办各式的先进技术培训班，送书下乡，使更多农民读者意识到科技文献的重要性，尽快地由潜在读者转为图书馆的现实读者。

（8）军人读者

军人读者是各军兵种和武警、海警的现役军人。军人有自己的图书馆，同时也是各级公共图书馆的读者。军人的职业性强，纪律严明。他们除了苦练军事技术，需要学习、阅读与军事和社会知识相关的文献外，也渴求文化、娱乐知识。此外，由于普通军人多为初中生或高中生，他们还有基础文化知识学习的需求。

军人读者也有不同的阅读需求，表现出不同的阅读行为。一是文献内容以政治理论、军事技术、科学文化知识为主。二是在图书馆的利用上，以外借、阅览形式为主。三是阅读需求具有专业性、技术性、可操作性和实用性的特点。大部分军人在部队服役时间不长，要考虑转业退伍后的社会就业问题，所以随着军地两用人才的培训，军人读者的阅读需求朝更广阔的专业科技领域方向发展，渴望阅读专业性、技术性、可操作性和实用性强的文献。

（9）残疾人读者

残疾人读者是指在生理上存在一定缺陷，失去部分生理功能，难以进行正常阅读的特殊的读者群体。这类读者除患有心脑残疾外，阅读需求和阅读能力与常人一样。

残疾人读者的阅读行为特点主要有两点：一是需要借助图书馆的帮助，才能顺利开展阅读活动。比如盲人读者要借助盲文文献、现实文献阅读。二是残疾人读者自尊心强，他们心理上难免存在柔弱要强的一面，既希望得到图书馆和其他读者的同情和帮助，又不愿让别人感觉到自己因某方面的不足所表现出来的弱点。具体到聋哑人，他们往往具有共同的群体心理特征：一是与正常人相比，因缺乏交流手段，表达相对困难，需求往往得不到满足，难以理解周围人的思想而常常产生误会。二是由于生活接触面小而单一，主要和聋哑人接触，造成其知识面窄，水平有限。三是自尊心带有盲目性和脆弱性，自制力较弱。

因此，图书馆工作人员在为他们提供服务时要倍加体贴关心、细心周到，尊重他们的人格和自尊心。对于有些行动不便的残疾人读者，图书馆也可以定期不定期地开展上门服务，满足他们的文献阅读需求，让他们享受到与常人一样的文献服务。

（10）居民读者

居民读者是指在城市有固定居住地和户籍地的，不属于上述各读者类型的读者。居民读者是街道图书馆和各基层公共图书馆的服务对象，其中包括从事个体或集体劳动的就业职工、离退休老年居民，以及其他无职业人员，包括下岗职工。

居民读者的阅读行为特点是在内容的选择上较为博杂。离退休老年居民读者喜欢阅读时政类文献和保健卫生休闲类文献；而下岗失业、待业人员由于本身有一定的专业技能和素养，所以在文献的需求和选择上更倾向于阅读各种反映科学技术文化知识的文献，以扩大自己的知识面，改变自己的知识结构，寻找再就业的机会。

2. 虚拟读者

虚拟读者，即在图书馆外远程访问图书馆网站、享受图书馆服务的读者。在互联网信息时代，图书馆读者群体必然由单一的"到馆读者"分化为"到馆读者"和"虚拟读者"，界定两种类别的依据是读者是否亲临图书馆。互联网、新媒体的出现，改变了人类处理、运用文献的方式，人们不用到馆也可以根据自己的需求，运用虚拟资料，来满足自己对文献的需求，所以在互联网、新媒体环境下，图书馆读者必然由过去单一的"到馆读者"分化为"到馆读者"与"虚拟读者"两类。

　　需要注意的是，这两类读者并非固定不变，他们可以互相转化，同一读者可以既是到馆读者，也是虚拟读者。到馆时，到馆读者是显形的现实读者，开展文献阅读活动，享受图书馆各项服务。而虚拟读者是"隐形"读者，他们在馆外的时空中使用图书馆数字文献时可以虚拟阅读，享受图书馆的馆外虚拟服务。

　　虚拟读者还可以有其他的分类，依据访问图书馆网络的权限来给虚拟读者分类，有以下几类：第一类是基础的普通网民，他们不享受深度服务的权利，只能访问图书馆公开的电子资源。第二类是较之基础普通网民（虚拟读者）享受更多图书馆网络资源服务权利的高校联盟的师生，但是这类虚拟读者所享受的权利比较有限，是最低权限，仅仅可以访问部分需要注册使用的数据库。第三类是本校或本机构的师生或研究人员，他们享有一般权限，可以在本单位内访问图书馆所有数据库。第四类是享受远程服务的师生和研究人员，他们享有最高权限，可以在单位内外访问图书馆所有数据库。

　　（二）集体读者

　　集体读者是指由若干人自愿组合、以一定的组织形式利用图书馆文献的集体用户。其组织形式多种多样，如读者小组、读报小组、自学小组、科研小组、写作小组等。他们以自愿的方式组成阅读学习研究的群体，具有共同的阅读爱好和需求，对所阅读内容的选择和采用的阅读方式也具有高度的同一性，并在一定期限内，集体借阅一定范围的文献。他们有的在同一个单位工作，有的从事同一种职业，是同一学校师生，有的共同研究某一项目，在一定期限内，集体阅读一定范围的文献。他们在借阅数量、借阅期限和借阅方式等方面不同于个人读者。当然，集体读者也可以是有约定的，能在一起沟通交流，通过图书馆网查阅文献数据的虚拟集体读者。虚拟个人读者可以结合成集体读者用户群。

　　集体读者是图书馆特殊的服务对象，我们在为其提供服务时应积极采取有助于他们的学习研究的方式和方法，最大限度地满足他们对所需文献的阅读需求。

（三）单位读者

单位读者是指以固定机构为单位利用图书馆的团体用户。图书馆单位读者的特点是作为一种传递馆藏文献的中转机构。它充当文献传递的中介职能：一方面是根据本机构或本单位读者的需要，直接向图书馆借阅或调阅馆藏文献；另一方面又直接将馆藏文献传递给读者使用。它只负责中转文献，归口借还，而不负责文献的长期保管。单位读者是为本单位员工利用图书馆文献资源提供服务的一种特殊组织，所借文献为本单位的个人或集体使用。

单位读者与集体读者明显的不同是，集体读者的阅读行为是自发的，而单位读者的阅读活动是法人单位和机构组织发出和布置的。当然在单位或机构工作的个人读者或集体读者，可以通过本单位或本机构，以单位或机构的名义直接与图书馆建立文献借阅或调阅关系，图书馆直接为单位读者注册立户，单位用户指定专人负责与图书馆建立借阅关系，负责本单位读者的借阅服务工作。

单位读者有三种类型：一是固定服务单位的用户。二是图书馆的分支机构，如高等院校的分馆或院系资料室。三是与本馆建立了馆际互借关系的兄弟图书馆。

（四）临时读者

所谓临时读者，是指因暂时的阅读需求到图书馆利用馆藏文献的尚未注册的读者。临时读者未办理图书馆的借阅凭证，与图书馆之间没有借书和阅读的契约，没有建立正式的服务与被服务的关系，只是偶尔到图书馆进行借阅活动。临时读者也包括个人读者、集体读者和单位读者三种类型。

第二节　公共图书馆读者服务工作的内容

图书馆是一座知识宝殿，它收藏着古今中外多种学科、多种语言、多种载体的文献。为了使读者更好地了解图书馆的服务工作体系和内容，特做如下介绍：

一、文献外借服务

在图书馆各种资源服务当中，借阅服务是我们最为常见的一种。这种方式最为直接，也具有明显的基础性，这种服务方式也是我们最常见的，它在图书馆资源和读者之间架起了一座沟通的桥梁。常见的服务类型主要包括阅读、外借以及复制等多方面服务。外借指的是一些读者出于自身的需要，将图书带出图书馆进行阅读的方式。按照自身的阅读习惯，读者会选择自己所需要的书籍，提出外借的诉求。他们能够在规定的时间内行使自己的阅读权利，对图书进行保管，自由地进行阅读，不受到其他方面因素的干扰，也对书籍资源进行了充分的利用。外借服务是图书馆传统的服务方法，是图书馆为了满足读者的阅读需求，允许读者将馆藏文献借出馆外自由阅读、独自使用的服务方法。

（一）文献借阅服务的形式

文献外借是各级图书馆的传统服务之一，文献外借主要有个人外借、集体外借、馆际互借、邮寄外借等形式。

1. 个人外借

个人外借指读者以个人身份在馆内外借处进行登记，借出自己所需要的图书和文献，是外借方式中最主要、最基本的服务形式。个人外借的类型如下：

（1）闭架借书。在闭架借书的情况下，读者借书前要查找目录（可在目录盒或网上查询），从目录中选定自己所要借的书籍，然后填写索书单。在索书单上写明：索书号、书名、著者、卷册及读者姓名和证号等，然后凭借书证和索书单向图书馆馆员索取所借书籍。馆员根据索书单从书库找出读者所要的图书后，在出纳台办理借书手续。

（2）开架借书。开架借书比闭架借书的手续要简便得多。读者可以直接到书架上翻阅图书，选定自己所需要的图书后，即可持书到出纳台办理借阅手续。为了有区分地组织各类图书，供各类读者外借，图书馆一般按照图书的类别、文种和读者成分，分别设置中文社科图书外借处、中文自科图书外借处、中文文艺图书外借处、外文图书外借处等。并根据需要，在各外借处进一步划分不同读者成分的出纳台，如教师读者出纳台、学生读者出纳台等。

为了维护大多数读者的利益，图书馆都制定外借规则，规定读者借书的办法、程序、借书的数量、期限以及逾期停借或收费制度。同时也制定了工作人员服务公约，规定馆员的职责范围，要求馆员树立"读者第一"的观点，做到服务方式快速、有效；服务态度友好、专业；服务内容可靠、持续；接待读者热情、周到；主动引导读者查找馆藏文献信息；积极推荐好书；认真解答读者的咨询，尽可能满足读者阅读需要。

2. 集体外借与馆际互借

（1）集体外借。集体外借是专为满足某一单位或小组团体读者共同学习、研究需要而采用的图书外借方法。

（2）馆际互借。馆际互借是指图书馆之间根据协定相互利用对方馆藏以满足本馆读者需求的外借形式。它的主要作用是各馆之间可互通有无，弥补本馆馆藏的不足，多途径地满足读者需求。

馆际互借可使一馆的馆藏变为全国乃至全世界的馆藏，由一本书只在一个图书馆或一个地区发挥作用，变为在全国甚至在全世界发挥作用。馆际互借是充分发挥馆藏作用的有效措施，也是实现资源共享的重要手段。馆际互借通常对如何注册、如何催书、如何罚款、如何赔偿遗失图书、互借权范围（包括用户类型和文献类型）等做出明确规定。如有些馆规定用户必须先在本馆借阅，只有本馆馆藏不能满足需求时才能使用互借权。

馆际互借的工作模式有如下流程：①读者向所在馆（文献请求馆）提交馆际互借申请。②请求馆员查证读者的馆际互借申请，检索本馆馆藏目录，确认本馆没有可以提供的馆藏；以费用、时间、完成率、结算方式等作为选择依据，确定文献提供馆。④文献收藏馆收到请求后检索本馆馆藏，若能提供，则成为提供馆，办理借出手续，或复制（扫描）文献；⑤请求馆查收文献，通知提供馆收到文献，通知读者领取文献。⑥读者将文献（返还式）经请求馆归还提供馆。

3. 邮寄外借

根据残疾人保障法规定，盲人读物邮件可免费邮寄，所以可通过邮局为视障读者邮寄图书。例如，上海图书馆常年开展为视障读者提供免费邮寄外借服务。

（二）外借处的设置

不同类型的图书馆，可以根据自己的实际情况和条件，以有利于读者更好地利用馆藏文献为原则，合理布局与安排。一般图书馆外借处的设置主要有如下类型：

1. 普通外借处

普通外借处也称总外借处，它是利用图书馆的基本馆藏文献，为本馆所有读者服务的阵地。

2. 专科外借处

专科外借处是指按照不同划分标准，如学科专业、读者对象、出版物类型、文献种类等而设置的外借处。

按学科划分外借处。它是按照大的知识门类设置的外借处。如自然科学书籍、社会科学书籍、文艺书籍、科技书籍等外借处，便于读者按照知识门类索取图书。

按出版物类型划分外借处。如期刊、报纸、工具书等外借处。

按读者类型划分的外借处。可分为教师外借处、学生外借处。

按文种划分的外借处。它是依据馆藏文献语种的不同而设置的外借处。如中文外借处、外文外借处。

二、文献阅览服务

图书馆阅览服务是指图书馆利用一定的空间设施，组织读者到图书馆阅览馆藏文献的服务方法。在图书馆开展的各种服务方法中，阅览服务是不可或缺的基本方法。文献阅览服务是图书馆为读者提供的基础服务之一，是指图书馆为读者提供图书报刊或数字资源阅览服务。

（一）文献阅览服务的类型

文献阅览服务可以分为：馆内阅览和馆外阅览两种。

馆内阅览服务在某种程度上缓解了馆外阅览带来的问题。馆内阅览除了给读者提供阅览书刊的服务外，还能够起到保护珍贵文献、特有文献的作用。馆内阅览服务一般设有书刊阅览室、多媒体阅览室、特色馆藏阅览室等。

馆外阅览需要图书馆提供较多的复本，同时流通周期也影响到图书文献的使用。

（二）文献借阅服务的加强措施

第一，加强基础设施建设。基础设施是馆内借阅服务得以顺利开展的保障。基础设施的建设：①加强基本硬件的投入，保障读者的阅读空间。如设置休闲空间、学习空间，增强读者的阅读体验。②加强可便利读者的设施建设，如阅览桌椅、饮水机、打印机、存包柜等的配置。③加大网络建设投入，如增加有线终端的提供和无线网络的建设。

第二，拓展传统服务。为读者提供检索、导读等服务。为了方便读者检索，图书馆一般在馆内配置读者检索专用电脑，便于读者利用联机公共检索目录查找馆藏资源，同时应在馆内设置导读岗，辅助读者阅读文献。导读是指导读者阅读的工作，包括读者阅读理念、方法、技术教育和相关教育等。图书馆应在馆内设置导读岗，明确专人承担导读服务，辅助读者阅读文献。为吸引读者可编制宣传册和读者指南等材料进行辅导。

第三，重视新技术应用。充分利用现代信息技术为读者提供自助服务是近年来图书馆服务发展的特点之一。相当一部分图书馆引入了 RFID 技术，实现了自助办证、自助借还等化智能化服务，部分引入了 24 小时无人值守的自助图书馆，方便了读者的阅读需求。

（三）阅览室的特性及类型

阅览室具有安静优雅的学习环境和良好的设施，为读者学习、欣赏、研究馆藏文献提供了方便的条件。

图书馆可设置各种类型的阅览室，发挥各自的作用。设置阅览室的数量、类型、规模，依图书馆的实际条件和读者需要而定。一般可按以下几种标准进行划分：

1. 根据读者对象划分

为了更好地开展服务工作，满足不同类型读者的需求，许多图书馆都根据读者对象来设置阅览室。在这些阅览室内，根据读者类型的不同，陈列不同的文献，配备不同的工作人员，提供针对特定读者群的服务。如"教师阅览室""儿童阅览室"等。

2. 根据文字划分

这种阅览室主要有"中文文献阅览室""外文文献阅览室"和"少数民族文献阅览室"等。该类型阅览室的设置，主要是为了满足读者研究不同文种的相关文献提供方便条件。

图书馆所设立的各种类型的阅览室，一般都是开架阅览，读者自己选择文献，在室内阅读，用后放回原处。不允许将所阅资料带出室外。

3. 根据知识门类划分的阅览室

根据知识门类划分的阅览室。集中某些学科范围的书刊资料，便于读者按学科需要利用文献的阅览室。包括：综合知识阅览室，哲学、社会科学阅览室，马列经典著作阅览室，自然科学阅览室等。

设置这种分科阅览室已成为图书馆阅览服务工作朝专业化方向发展的一种趋势。对于读者而言，分科阅览室已成为进行系统学习、科学研究的阵地。

分科阅览室工作人员的配备，应注意挑选那些综合能力较强的专业人员。只有这样，才能做好分科阅览室读者服务工作。

4. 根据出版物类型划分

当前，图书馆收藏的文献不但类型越来越多，而且载体也多种多样。就文献类型来说，不仅有图书、报刊，而且还有专利、标准、会议记录等。文献的载体更是多样的，既有印刷型，也有缩微型；既有音像型，也有数字型。下面根据出版物类型划分为以下类型：

第一，报刊阅览室。此室主要陈列现刊和当月当日的报纸。以开架陈列方式供读者在室内阅览。这里的文献资料出版周期短、速度快、内容新、情报性强、信息量大，是图书馆开设的主要阅览室。

第二，工具书阅览室。工具书一般包括字典、词典、百科全书、年鉴、手册、表谱、图录、人名录等。我们在阅读文献、分析情报资料时，往往会碰到这样一些问题，诸如不解其意的生字、专业名词术语、学者名字、某种科学理论、历史事件、年代、数据等。为了适应上述需要，图书馆收藏了大量的种类繁多的参考用书，也就是参考工具书。这些工具书一般价格昂贵、复本少，所以不外借，为了便于读者查检利用，将这部分藏书集中放在一个地方，即工具书阅览室，以方便读者随时利用。

第三，多媒体阅览室。随着校园网的普及和计算机技术的发展，而建成的一种新型阅览室。在这种现代化的阅览室中，读者可以利用计算机浏览互联网的信息资源，或检索其他网络数据库，或通过网络访问其他图书馆的馆藏资源。

三、咨询服务

图书馆咨询服务的实质是以文献为根据，通过个别解答的方式，有针对性地向读者提供具体的文献、文献知识或文献途径的一项服务工作。该定义明确指出，咨询的基础是文献，咨询服务以文献为主要依据，针对读者在获取信息资源过程中提出的各种疑难问题，利用各种参考工具、检索工具、互联网以及有关文献资源，为读者检索、揭示、提供文献及文献知识或文献线索，或在读者使用他们不熟悉的检索工具方面给予辅导和帮助，以解答读者问题。由于解答问题的主要依据是图书馆现有的文献或其他参考源等，公共图书馆管理与服务且提供的答案又是参考性的，所以，对于这类服务多称为"参考咨询服务""参考服务""咨询服务"等。

（一）咨询服务的类型划分

按照读者提出咨询服务问题的内容性质，可以把咨询服务分为以下类型：

第一，普通咨询服务。包括向导性咨询和辅导性咨询。针对读者提出的馆藏方位和服务区域方位等咨询问题给予向导性解答，并对读者的一般需求进行辅导，帮其更全面地掌握利用图书馆的方法。

第二，政府决策咨询服务。为地方政府提供决策服务主要包括立法决策服务、政治决策服务、经济决策服务等。

第三，面向科研机构与企业的咨询服务。科研机构和企业有着明显的不同，图书馆面向二者的咨询服务项目、服务提供方式和资源提供种类等方面存在着差异。科研机构的咨询需求产生于学科研究、技术活动及知识创新等科研工作中，图书馆必须针对他们的特定需求，并充分考虑学术工作者的信息素养层次，提供依托海量文献资源的、科技含量高的、有利于科研创新的高效咨询服务。面向科研机构的一般咨询主要包括事实知识咨询、专题咨询、相关信息检索、文献跟踪服务和综述撰写等五类。

企业人员的信息需求层次不一，他们通常需要知悉与本企业良性运行相关的若干信息，以便达到企业利益的最大化。图书馆开展咨询服务时，需要分清企业的规模大小和咨询要求，量体裁衣地为企业提供合适的、力图解决企业外部问题的、促进企业发展的有效咨询。企业咨询服务以情报产品提供为主。

第四，事实性咨询。即查找具体的人物、事物、产品、数据、名词、图像等。如查找经典著作中某一论述的出处；查找某一字、词、成语、典故、概念的解释；查找某一历史人物、历史事件、地名、时间；某一具体的法律、条约；某一科学数据、统计资料；某一公式、定律、参数、图表等。事实性咨询解答，一般要利用各种参考工具书如年鉴、百科全书、词典、字典、指南、手册等查找线索或答案。

第五，专题性咨询。即围绕某一特定主题，利用各种检索工具，查找有关文献、文献线索及动态进展情报。这种咨询学术性较强，要求提供的文献全面、系统、针对性强。如要求查询某一学科、专业课题的文献资料，要求查找某一研究课题的背景资料、发展现状及未来前景预测等。

第六，其他咨询。读者在利用图书馆的过程中，难免遇到这样或那样的问题，如某种文献收藏在何处，如何查找著者目录、如何查找文献资料等。作为图书馆员，应该了解馆藏，熟悉检索工具，及时解答读者在利用图书馆的过程中遇到的各类问题。

任何一个图书馆员都有责任和义务解答读者提出的问题，一般问题可即时口头解答。较为复杂的事实性、专题性咨询，则需要专业人员经过文献调研后，方可解答。我国大中型图书馆普遍设立了咨询服务机构，从事参考咨询服务，解答读者提出的各种咨询问题。

（二）咨询服务的程序

咨询服务的过程，就是分析问题与解决问题的过程。从受理咨询课题到了解情况、查找文献，直至获取答案、解答问题，是一个完整的过程。而过程的各阶段，既相互联系、相互交叉，又相互独立，各具不同的特点、方法与要求。

1. 受理咨询

无论读者以何种方式如口头、书面、电话、信函或 E-mail 等方式提出咨询问题，还是图书馆深入实际，主动了解咨询问题，只要是属于文献的服务范围，都应接受受理。受理咨询问题，须分析问题性质，判明属于何种解决方法，对于比较简单具体的问题，可通过书目、索引、文摘、工具书等直接进行口头解答。对于比较复杂的问题，须进行书面记录，责成专人进行系统解答。

2. 调查了解

受理咨询后，必须对课题情况、读者情况和文献需求情况作具体的调查了解，以便从实际出发，有针对性地解答读者的咨询问题，提高咨询服务的质量和效果。

关于咨询课题，应同读者共同调查了解它的主题范围和学科归类，内容特点与基本需求，以及国内外研究进展情况。调查了解的过程，也是一个学习、研究、提高的过程。有许多学科专业知识，尤其是新兴科学与众多专深的分支学科，需要在调查中学习，在学习中调查。

向读者学习，向馆藏文献资源求知，将调查与学习结合起来，方能取得调查了解的良好效果。

关于读者情况，主要了解课题组的整体情况及个别情况，了解他们的年龄、职称、学历、掌握语种等，了解他们课题计划，完成期限、投入的人力、物力及文献调研的要求与具体安排。调查读者情况主要围绕课题的内容，以便更准确地掌握课题的全貌和熟悉读者的文献需求。

关于文献需求情况，主要了解读者在选题时对文献的认识与掌握情况。如：已经搜集、阅读过哪些文献，使用过哪些参考工具书和检索文献，使用效果及存在问题如何，今后的文献需求设想怎样，希望图书馆着重帮助解决什么问题。通过对已知文献使用的动态了解，预测未知文献需求范围、重点、深度，为准备查询文献做好充分准备。

3. 查找文献

在调查了解的基础上，制定文献的查找方案和办法，研究查找范围，确定检索工具和参考工具，确定文献检索标识、检索途径，然后进入文献的实质性查找。然后将查得的文献线索反馈给读者，再按照读者的要求进一步筛选和查找原始文献，让读者鉴别取舍。

4. 答复咨询

经过一系列的文献调查、查找、鉴别和整理，获得读者所需要的文献或文献线索，即可做出正式的书面解答。其答复咨询的方式有多种：直接提供答案、介绍参考工具书、提供专题书目、二次文献以及文献线索，提供原始文献或文献复制品，提供综合性文献资料等。具体可依课题的性质和读者的需求而定。

5. 建立咨询档案

图书馆对咨询课题，应当建立登记档案，凡是重大的，有长远意义的咨询课题，应当建立完整的档案，包括各种原始的记录、解答过程、最终结果等。完整、系统的咨询档案对了解本馆读者的需求有一定的参考指导作用。

四、情报服务

（一）情报交流服务

图书情报部门向用户提供有关情报（如研究课题、研究单位、个人及协作者投入的人力、资金与进展情况、设备情况、主要成果情况等），并为情报的提供者和使用者之间，创造情报交流机会而进行的情报交流介绍服务，称为情报交流服务。为了获得最新情报，首先，要了解研究项目当前的有关研究动向、研究构思等概要性的最新二次情报，得到这种情报的使用者再直接与研究者进行接触，取得有关研究进展的详细情报。

情报交流服务的主要目的和作用包括：①向国家有关研究决策人，以及研究计划的制定者与赞助者提供必要的研究动向信息，以及研究课题是否重复等情报；②向研究人员提供进行中的研究与发展情报；③向有关部门和研究人员提供进行中的研究手段、国家规划方案、各研究单位、研究人员的具体计划，研究领域中人员分布情况以及研究与发展计划中遗漏和重复的课题等情报。

（二）情报调研服务

情报调研是一项学术性、专业性、政策性很强的情报服务工作，要求情报调研人员具有很高的业务知识水平，要求调研成果具有很大的情报实用价值。通过情报调研服务，使图书情报部门真正起到参谋、耳目的作用。

情报调研服务是指图书情报部门根据国家、地区、单位有关部门的需要，对大量的一次文献和二次文献进行系统搜集、分析研究、归纳整理，并将研究成果用综述、述评、研究报告、专题总结等三次文献形式编写出来，提供给决策部门和人员研究参考。情报调研的范围十分广泛，涉及政治、经济、国防、科学技术及社会发展各方面，包括战略情报和战术情报两种类型。

（三）竞争情报服务

1. 竞争情报内容

竞争情报是关于竞争环境、竞争对手和竞争策略的信息对其进行的研究，因此竞争情报服务所包含的内容主要涉及竞争环境、竞争对手和竞争策略三部分。

（1）竞争环境。竞争环境的主要因素有：政治环境、法律环境、经济环境和社会环境。政治环境表现为政府的政策导向；法律环境表现为企业在竞争中的有法可依程度；经济环境对企业的影响最大，直接关系到企业或机构的兴衰；社会环境反映人们观念的变化、价值取向的改变、潮流的形成等。

（2）竞争对手。对于企业来说，对企业对手的分析应以同行业中排名较前的和在同一市场中有代表性的，并与本企业条件相近的企业为对象进行长期、全面详细的分析研究，了解竞争对手的经济实力、生产能力、技术水平、产品销售渠道等。对于科研机构来说，对竞争对手的分析与评价的主要内容包括科研现状、科研能力、现行科研战略、未来目标、反应模式等，并与自身的情况进行对比，发现竞争对手的强势与弱点，提供预测、预报服务。

（3）竞争策略。企业或机构需要根据不同的竞争环境和竞争对手采取不同的竞争策略：①基于对手的策略。采取基于对手的竞争策略，首先要认清对手的实力和能力以及是否有新的改变。其次要认清自己在人力资源、技术开发、服务方面与对手的差距；②基于用户的策略。对于企业来说，企业所拥有的顾客量决定着企业的竞争实力。对于服务机构来说，满足用户的当前需要和将来期望是机构的主要目标。为此，企业或机构都需要在产品创新、优质服务、服务方式等方面采取不同的策略。

2. 竞争情报的支撑工具

为了更好地开展竞争情报服务，在竞争情报活动过程中，可以利用一些搜索工具或者智能分析工具，自动地收集和分析信息，并不断积累形成竞争情报数据库，从而更好地支撑竞争情报活动，提高竞争情报的效率。

（1）定向跟踪与搜索工具。

定向跟踪与搜索工具包括两方面的功能：一是跟踪指定的网站、相关媒体的信息，只要相关机构网页有所更新或者媒体上出现有关机构的动态信息，系统立即报警，或在信息门户上发表信息；二是采用主题搜索技术，在互联网上搜索相关机构信息，经分析过滤后存入数据库。定向跟踪与搜索要实现的功能是：定期系统地搜索和发现机构、学术和科研信息，帮助人员及时了解相关领域的最新发展动向和学科发展热点，以形成有效的学科热点预测和学科研究报告作为重大决策的依据，帮助决策者准确、及时把握发展的最新资讯。

（2）竞争情报的智能分析工具。

竞争情报智能分析工具主要包括两方面功能：

第一，基于文献计量学的情报分析。采用文献计量学方法，运用数学和统计学工具对文献内容、引文进行分析，对专利情报进行分析，挖掘竞争对手的潜在信息与动向。分析策略采用自动化工具与人工相结合的方式，建设工作需要建立相关数学模型，引入、开发统计分析工具，制定分析评价内容、策略、方法和协调管理机制。

第二，基于关联挖掘的情报分析。竞争情报数据库采用一定的知识组织体系实现对情报信息间部分关系的揭示，在此基础上，通过建立机构本体以及相关主题本体，借助数据挖掘技术，可以发现新的、潜在的关联信息。

（3）竞争情报管理软件。

随着竞争情报活动的不断开展，一些公司、机构等研制了一些竞争情报管理软件。竞争情报管理软件是一个开放系统，需要接收和获取企业内部和外部的各种情报，需要与其他信息源或第三方应用系统相连。目前竞争情报管理软件特点与优势有：

第一，十分重视采用和支持标准化和国际化的协议，并且已经成为竞争情报管理软件发展的一种规范。

第二，面向任务，功能重点突出。竞争情报管理软件不断对其功能进行完善，但它们并不追求系统的所有方面都尽善尽美，而是有选择有针对性进行功能增强，力求重点突出，保持自己的独特之处。

第三，与网络紧密结合。目前，大多数竞争情报管理软件都提供网络接口，可以很好地利用丰富的网络资源。这些软件不仅支持结构化的数据，还支持网络上的非结构化信息。与网络的结合，不仅表现在情报来源上，在软件的体系结构上也从以前的 C/S 模式发展到 B/S 模式，只要通过浏览器就可以看到所需要的资源。同时，还将新出现的网络技术引入到竞争情报管理软件中，不断丰富和完善竞争情报管理软件功能。

第四，情报资源的自动输入与获取。目前的竞争情报软件大都支持各种类型的电子资源的自动获取。

五、信息检索服务

（一）信息检索功能与方式

1. 信息检索的功能体现

第一，确保不同信息处理者所描绘的信息特性具有一致性。由于受教育程度、专业背景、经验、理解力、思维方式等因素的影响，在对同一件事情进行描写时，往往会出现矛盾。而资讯搜寻的语言则尽量减少这些不相容。

第二，确保查询问题和信息引用的一致性。在不同的情况下，不同的使用者对相同的问题有不同的认识，而不同的信息获取语言则为不同的使用者和使用者提供了一座沟通的桥梁，确保了他们对问题和引用的连贯性。

第三，确保查询的准确度和准确度。使用查询语言可以提高检索效率，甚至在满足各种信息要求的情况下，也能达到很高的准确度和准确度。由于用户对各种不同的信息的需要，获取的方法也各不相同，因此，在检索时要尽量减少对信息的遗漏和错误检测。

2. 信息检索的不同方式

（1）根据搜索方法进行划分，可分为直接获取、直接搜索和电脑查询。

第一，直接获取。直接获取是从资料来源和资料的媒介中获取资料。

第二，直接搜索。直接搜索是利用资讯查询的方法或方法来获得所需资讯。

第三，电脑查询。电脑查询是利用电脑技术，通过光盘、网络和网络等现代的查询方法进行资料的查询。

（2）根据资料进行划分，可分为全文本搜索、数据查询、事实追寻、声像搜索。

第一，全文本搜索。全文本搜索是指使用原文档进行的搜索，搜索的结果可能是全部或一部分。

第二，数据查询。数据查询是从查询资料中查找使用者所需资料，如科技资料、财务资料、人口统计资料等。

第三，事实追寻。事实追寻是对某一具体的事件或事实的一种追寻，它的性质、定义、原则以及发生的地点、时间、原因等。

第四，声像搜索。声像搜索是指对声音、图像和其他文字资料进行回溯。

（3）根据资料查询技术划分，可分为多媒体查询、超文字搜索和网上资源查询。

第一，多媒体查询。多媒体查询是一种可以同时使用两种不同媒介进行查询的方法。它是一种对文字、图形、图像、声音、动画等多种媒体进行整合的综合访问和处理，在搜索过程中，不仅可以对被搜索目标的文字进行浏览，还可以听到声音和形状。

第二，超文字搜索。超文字搜索是一种全新的搜索技术，它是一种结合了联想的思考能力。与常规的搜索技术相比，超文字搜索系统是一种多维的网络搜索环境，利用网络中的各节点之间的连接将所有的信息组织成一个整体，在搜索过程中，使用者可以从任何一处搜索到自己想要的内容。

第三，网上信息资源查询。网上信息资源查询它是一套综合各种不同类型、不同媒体的信息，能够跨时空、跨地域的检索。最普遍的是 WWW 的全球性技术，它被广泛地应用于世界各地。由于其深度、实时、快速、跨时空共享、多媒体应用等特性，使得其应用日益普及。

（二）信息检索服务的常用方法

信息检索广泛地应用在经济社会各领域，对提高管理和服务效率起着重要的作用，而图书馆信息检索服务注重的是在用户信息需求与丰富的信息资源之间建立一种有机的联系。针对用户的不同层次的信息需求，采用如下不同的服务方法：

1. 文献检索方法

开展检索服务可以节省读者检索文献的时间和精力，开阔读者的知识视野，使科研人员在短时期内便能获得所需要的国内外文献资料。所以，它对科学研究活动有着十分重要的意义。文献检索的程序，就是根据既定的课题，利用适宜的文献检索工具，通过不同的检索途径，按照一定的方法把合乎需要的文献挑选出来的过程，其程序如下：

（1）分析研究课题。分析研究课题包括：①分析课题内容，确定查找需要的学科分类或主题概念。②认真分析确定所需要查找的文献类型。由于文献类型繁多，查找不同类型的文献资料，可能得到完全不同的检索效果。③分析查找年代。要根据课题的时代背景确定合适的查找年限，以提高检索效率。④分析利用已知的文献线索，以便迅速准确地查找所需的未知文献。分析研究课题是查找文献的第一步，也是关键的一步。

（2）选择检索方法。文献检索方法，一般有以下三种：

第一，追溯法。追溯法是指利用文章或专著后面所附的参考文献目录，追踪查找文献资源的方法，它不必利用检索工具，只要能掌握少数重要的文献著述，然后从一种文后引文到另一种文后引文跟踪追溯查找，就能获得一些所需的重要文献资料。这种方法主要缺点是所得的文献资料不够全面。如一些最新的科研成果、科技报告和科学论文，不可能立即在检索工具中集中收录反映。所以，我们要特别注意利用最新的述评与专著，因为述评与专著中所附参考文献一般是多而全、准而精，等于是一个小型专题文献索引，据此可以追溯，可大大提高追溯效果。

第二，常用法。利用各种文献检索工具进行文献查找，是文献检索工作中经常使用的一种方法，因此称为常用法。此种方法完全依赖于完善的检索工具，并严格按照检索工具规定的程序、途径和标识检索文献，能增强检索的广度和深度，使文献查全率、查准率得到可靠的保证，常用法是重大课题研究获得文献所必须采用的方法，它一般分为顺查法、倒查法和抽查法三种。

顺查法：依文献发表的时间顺序顺查，即由远到近逐年逐卷进行查找，一边查找一边筛选，找出所需文献。由于逐年逐卷查阅，因而漏检率较低，又因为在检索过程中不断筛选，因而误检率也低。顺查法的查全率和查准率较高，适用于科研课题复杂、查找范围大、时间长的文献需要。

倒查法：依文献发表的顺序倒查，即由近及远，回溯而上，逐年逐卷进行检索，一边查找一边筛选，找出所需文献。倒查法适用于新兴的研究课题。优点是节省查找时间，为科技人员常用。但是，漏检率较顺查法高。

抽查法：即根据课题所属学科的发展特点及情况，查找学科发展兴旺阶段的文献，从而可得到较多的对口文献。因为任何学科的发展都有可能出现起伏变化。处在发展兴旺阶段时，发表文献就相应较多。反之，当学科处于低落阶段，发表文献会随之减少。利用抽查法查找文献，检索效率高，但用这种方法，在查找文献前，必须了解该学科的发展情况。

以上三种查找方法，都必须注意检索课题的时间性。从何时开始查找，或回溯查找到何时，或抽查何时的文献，都必须在了解该学科发展的情况下加以认真考虑。

第三，循环法。循环法，也叫分段法或交替法，是指追溯法和常用法交替进行，综合使用。在检索文献时，利用检索工具查找文献，又利用文后所附的参考文献追踪查找，两种方法分期分段交替使用。这种方法比较适应于年代期限不长的专题。它的优点在于：当检索工具不全或缺期的情况下，结合引文索引追查，也能获得读者所需年限的文献资料。

一般来说，检索工具比较齐全的大中型图书馆和情报部门，多采用常用法检索文献资料，而检索工具不够齐全的小型图书馆情报部门，多采用循环法与追溯法检索文献资料。

（3）选定检索工具。检索工具的种类很多。选择用何种检索工具，取决于用户对检索工具的熟悉程度。在选择检索工具时，还要考虑该工具质量如何。衡量检索工具的质量，一般须考虑以下几个因素：收录的文献面、报道的文献量、编制质量、传递速度及索引齐全等。

（4）确定检索途径。各种检索工具具有不同的检索途径，其中包括：

第一，分类途径。按照文献内容所属学科的性质，从分类索引入手查找文献的途径，就是分类途径。常用的工具书有图书分类目录、文献资料分类索引等。

第二，主题途径。根据文献主题内容，从主题入手查找文献的途径就是主题途径。利用主题索引，关键在于选准主题词。常用的工具书有主题索引、关键词索引等。

第三，著者途径。根据文献著者索引入手查找文献的途径就是著者途径。著者索引在检索工具中是最常见，人们常常通过著者索引来集中查找某一学者或机构的主要文献。

第四，号码途径。号码途径是根据已知文献本身的专用号码（如专利号、标准号、科技报告、合同号等）查找文献的途径。主要是利用"号码索引"进行检索，可以满足读者在课题中有关特种文献的具体需要。

第五，其他途径。其他途径包括分子式索引、地名索引、动植物名称、药物名称索引等，这类索引专指性强，往往是某些专业性或特种文献的工具所特有的辅助性检索途径。

确定检索途径，就是在上述诸多检索途径中选择查找所需文献的最佳途径。一般来说，主题途径和分类途径是文献检索的主要途径。在已经掌握著者、号码、地名、书名 ISBN 等已知条件下，可利用相应的检索工具迅速查找所需文献。总之，在进行课题检索时，要善于根据已知条件，综合利用各种途径，才能得到满意的检索效果。

2. 个性化信息检索定制服务

在信息检索服务中，个性化信息服务是随着网络的广泛应用逐步发展起来的。个性化信息检索定制服务指的是用户根据自己的目的与信息需求，在图书馆提供的检索服务中，将自己与检索有关的活动记录下来，可建立自己的个性化界面，根据个人需要选择浏览期刊和相关主题，也可长时间保留和调用自己的检索策略，从而满足自己的检索需求。

（1）定制信息服务所需的技术已经成熟，如：①Wed数据库技术：完成用户登录、身份认证、数据匹配等；②网页动态生成技术：包括Asp、ISAU、CGT等技术，完成用户的个人检索界面的制作；③数据推送技术利用推送技术，完成信息的定向传送；④过程跟踪技术是跟踪用户的检索兴趣，以便提供个性化的帮助；⑤安全身份认证技术、数据加密技术是保护用户的隐私、保证系统的安全等；⑥信息挖掘与智能代理技术是由知识库、规则库、推理机、各代理间的通信协议等组成的智能代理技术，可有效地跟踪用户的需求所在，满足个性化的需要。

（2）个性化信息检索定制的内容：①个性检索模板定制是根据用户专业领域、检索目的、检索的深度需求，时间需求、语言需求、数量需求等限制，进行个性检索模板定制；②检索工具定制是可定制检索的数据库、搜索引擎等；③检索表达式定制是根据需要可定制检索表达式，提高检索效率；④个人词表定制是由于个人所处的专业领域与兴趣相对固定，他们所用的关键词相对有限。个人词表的定制可以帮助用户选词、确定检索范围；⑤结果处理定制是根据个人的具体需求，可以对检索结果进行定制；⑥检索历史分析定制是从用户的检索历史分析，可确定用户的需求所在；⑦检索界面定制可拥有自己的检索界面，方便，不受干扰；⑧个性化信息推送是对于需要的信息可定时地推送；

3. 查新检索服务

科技查新服务（以下简称"查新"）是为了避免科研项目的重复研究，以及客观地判别科技成果的新颖性、先进性而开展的一项工作。根据有关规定，凡国家、省、部、市、地等各级科研项目的开题立项、成果鉴定、申报奖励、新产品开发以及专利申请等，均需要进行查新。查新针对某一特定课题进行，其结果是为被查课题出具一份"查新报告"。在整个科技查新过程中，查新检索是一个重要环节。

查新的对象主要包括：申报国家级或省（部）级科学技术奖励的人或机构；申报各级各类科技计划，各种基金项目、新产品开发计划的人或机构；各级成果的鉴定、验收、评估、转化；科研项目开题立项；技术引进；国家和地方有关规定要求查新的项目。

4. 浏览式检索服务

浏览式检索服务是图书馆顺应信息技术的发展和用户检索习惯的改变而进行的检索界面的改造，主要用于图书馆联机公共目录查询系统中。

浏览式检索服务是符合人类思考习惯的一种检索方式，人们根据自己的阅读爱好和兴趣选择文献，在阅读浏览的过程中发现问题或对所感兴趣的问题有大致的了解。数字时代更为"浏览式检索"提供了便利条件，超文本和多媒体的信息组织方式使用户在信息检索中如鱼得水，在浏览的过程中发现兴趣所在。浏览式检索符合用户的立体思维方式，因而在图书馆得到普遍使用。

（1）浏览式检索服务的特点。浏览式检索服务由于将信息技术与用户的检索习惯结合起来，它具有以下特点：

第一，为用户集中相关的文献、信息。浏览式检索实际是将相关的文献、信息集中起来为用户服务，是一个相关的文献信息集合。

第二，帮助用户确定所需要的文献和信息。用户在检索时，很多时候对自己的需求并不是非常明确，在浏览的过程中通过了解相关的信息与资料，可能会确定自己的需求。

第三，符合用户思考时的规律。浏览式信息检索延伸了用户思维的时间和空间范围，立体地架构了用户思维时的信息空间。

（2）浏览式检索服务的类型。浏览式检索服务较多应用在书目检索、数据库检索和主题检索。

第一，书目检索。书目检索中的分类途径是浏览式检索常用的。按照索书号，读者可以在索书号前后位置浏览，以便了解某类的有关文献。此外，书名、著者也可用于浏览式检索。

第二，数据库检索。数据库检索中刊名的检索应用浏览式较多，对一期刊物的内容按实际出版情况展现给用户，方便用户对此刊内容阅览。如万方数据库资源检索系统的数字化期刊检索中，可以将某刊中的某一期原有内容提供给用户，方便用户对此刊特色、文献内容的了解。

第三，主题检索。主题检索中主要是将主题提供给用户，方便用户选择。如美国国会图书馆书目检索系统中的主题词浏览，将相关上下位类的主题词集中在一起提供给用户，帮助用户选词，以提高检索效率。

总之，浏览式信息检索服务的定义可以归纳为：根据用户的思维方式和阅读习惯，浏览式检索将某专题、某主题词或某一载体的文献，立体地呈现给用户，帮助用户理解此主题或专题的含义或相关的信息、资料。

5. 跨库检索服务

图书馆信息资源的构成多样化，不仅有自己建设的馆藏书目数据库，也有购买的数据库。这些异构的数据库信息组织、信息服务、结果处理等方式各不相同，数据库标准和结构具有很大的差异性。在检索时必须了解各个数据库的使用方法和限制，利用不同的工具和协议。为了通过网络为用户提供信息服务，实现更高层次的信息描述，需要跨领域、跨数据库把用户所关心的相关主题信息集中地检索和显示出来，跨库检索服务应运而生。

跨库检索，也称联邦检索或多数据库检索或集成检索，是以多个分布式异构数据源为对象的检索系统。

6. "看不见的网页"信息检索服务

"看不见的网页"是指搜索引擎商出于自身考虑不愿索引的网络内容，或是因为技术原因普通搜索引擎无法索引的网络内容。这些"看不见的网页"含有比搜索引擎所能查找到的网页多得多的信息，拥有大量有价值的如专利信息、电话黄页、航班信息、股价、人口统计数据、专业信息等。

"看不见的网页"含有大量有价值的信息，这些信息对用户的重要性是不言而喻的。图书馆在"看不见的网页"检索中作用有两个主要方面：

第一，图书馆员进行"看不见的网页"的收集、选择和整理工作，需要花费大量的时间、精力、人力、物力、财力；

第二，在用户教育中可以加入"看不见的网页"检索的授课内容，传授给用户查找的方法和技巧，使用户了解这些信息及获取信息的方法。

7. 联机检索

（1）联机检索的特点。联机检索系统一般为大型的数据库，它主要有以下特点：

第一，内容广泛。联机系统中信息资源丰富，各种数据库涉及学科范围广泛。

第二，报道及时。联机检索系统能及时更新数据库中的信息。

第三，查找迅速。由于联机的主机运算速度很快，在含有数百万条的数据库中，一条指令几秒钟就可得到响应，检索一个课题一般只需要几分钟至几十分钟。

第四，检索方便。联机检索系统一般都提供多途径检索入口。对篇名、文摘字段乃至全文提供关键词检索是最简单实用的检索方式。此外还提供多样化检索界面，有命令式检索、菜单式检索、混合式检索，用户只需掌握任一检索方法，就可自由获得资源。

第五，实时性。用户能将个人的提问与系统所储存的信息进行实时的检索，并可立刻看到检索结果，随时修改提问，直到满意为止。

第六，完整性。用户不仅能检索到文献的摘要，还可以检索到文献的全文。

第七，共享性。不仅可以检索到本地的数据库，而且可以与外地，乃至国际联机网络互通有无，实现信息资源共享。

第八，广泛性。由于现代通信网络的发展，用户不再限于系统操作人员，每一个社会成员都可以根据个人的需要直接进行联机操作。

（2）联机检索的方式。联机检索有两种方式：

第一，用户在检索中心所在地，通过终端当场检索数据库。

第二，用户远离检索中心，通过用户终端和远程通信线路与检索中心连接，向中心提问并取得检索结果，称为联机检索。

（三）信息检索服务的发展方向

信息检索服务是图书馆的基础工作。随着信息资源范围的扩大和加工处理水平的提高，检索服务向着方便读者利用和深层次服务的方向发展，读者并不需要很深的检索知识，他们只需在一个界面友好的网站上，按照检索系统所做的各种提示完成检索过程。而系统根据读者的检索习惯和思维方式设计多种检索途径和方法，通过链接将相关的信息和知识联系在一起，形成一个依托网站的知识结构，提高检索的效率和深度。

信息检索服务发展方向有：统一检索平台，采用信息检索分级制度，检索界面的集成与简化。采用信息检索分级制度，检索界面分为专业人员检索与新手检索。专家检索界面是供有经验的图书馆员及对检索熟悉的人员使用，目的是达到较高的检索效率，而新手界面主要是为那些对检索不熟悉的读者准备的，列出详细步骤，目的是提高用户的检索能力。

对检索界面的集成与简化，以及对各种数据库检索结果去重，是图书馆提高检索信息服务中的一个重要内容。

第三节　信息时代公共图书馆读者服务工作的转变与深化

公共图书馆是时代的产物，必然随着时代的进步而发展，对读者服务工作而言，更是随社会环境、读者阅读需求的变化而不断创新和变革，随着计算机技术、网络技术、通信技术以及数字化技术的进一步发展，云计算、云资源等环境的形成，让读者的阅读习惯、阅读需求发生很大的变化，传统的图书馆读者服务工作适应不了时代发展的要求，信息环境必然使公共图书馆的读者服务工作得到进一步的转变和深化。

一、以读者为中心的服务流程优化

无论是公共图书馆、高校图书馆还是科研院所图书馆，根据其自身的馆舍结构、文献布局等因素，在读者服务工作中形成了各自的服务流程，但信息环境让读者的阅读习惯、阅读方式、阅读行为等都发生了很大的变化，传统的服务流程已无法满足读者的需求，基于读者行为管理的服务流程优化近年来在各类型图书馆特别是高校图书馆得到高度重视。

以读者为中心，最重要的就是要加强读者行为的管理[①]。通常可以采取以下措施：

一是 CRM 和 CS 战略的引入。在迅速发展的信息网络技术的支持下，使得科学分析现代社会经济中日趋频繁和复杂的人与人（主体与主体）之间的交往活动成为可能，也为深刻分析和把握读者与图书馆之间的互动关系提供了有利条件和机遇。CRM（Customer Relationship Management：客户关系管理）是通过辨析、获取、保持和增加等方式来选择和管理有价值客户及其关系的一种商业策略。CS（Customer Relationship）就是"使顾客满意"。是企业界为了使顾客对自己的产品和服务完全满意，综合、客观地测定其满意度，并根据调查分析结果来改善产品、服务及企业文化的一种经营战略。根据图书馆的公益性质与企业的 CMS、CS 战略加以结合，借鉴和改造，以读者为中心，站在读者的角度思考读者需求，可以优化读者服务工作流程，促进读者管理和图书馆与读者之间的互动。

二是读者与图书馆发生关系。无论是在馆还是离馆，或者说无论是在馆内还是在馆外，其基本行为是信息获取和知识挖掘，都可以通过来馆目的、阅读方式、个人行为习惯、兴趣爱好等进行分析，从而加强对读者行为的管理，实

---

① 读者行为管理，即要观察、研究、发现和利用读者行为特点与规律。

现以读者为中心的服务流程优化。

二、公共图书馆服务对象的延伸

传统图书馆受地域和载体形式等因素的限制，读者服务活动主要围绕"本馆"读者来组织和进行。在网络时代，公共图书馆是一种依靠计算机和通信网维系的图书馆的集合体，每一个具体的公共图书馆都是这个集合中一个小小的分子，都是地区、全国乃至全世界信息网络的一个节点。对于某个公共图书馆而言，其所在网络系统内任何一个使用本馆文献信息资源的人都是自己的读者；对于社会上的某个人而言，他既可以是某个公共图书馆的读者，也可以是另外或更多公共图书馆的读者。公共图书馆这种服务对象从"区域化"到"社会化"的延伸，反映了公共图书馆从封闭不断走向开放的社会化发展趋势。

三、将"细节营销"融入服务过程

现代社会中，公共图书馆作为信息服务的重要机构，其最终目的就要为读者提供完善、优质、高效的系统化服务。要把读者服务工作做得深入细致、提高读者满意度，把企业的"细节营销"融入读者服务工中是信息环境下图书馆工作的又一个亮点。

"细节营销"与现代公共图书馆服务理念相吻合。"细节营销"是指在企业营销工作的每一个细节设身处地为消费者着想，借以最大限度地满足其物质和精神需求的营销工作。"细节营销"既满足了消费者对商品价值的需求，亦满足了消费者精神和心理需求；既满足了消费者对购买结果的需求，亦满足了消费者对享受购买过程的需求；既满足了消费者的宏观需求，亦满足了消费者的细微需求。

关于公共图书馆的现代服务理念提法很多，如"一切从满足用户需求出发""图书馆以人为本""读者第一，服务至上"等等。这些提法的核心内涵无不与"细节营销"的服务理念相吻合。

第三章 公共图书馆阅读服务理论与变革创新

第一节 公共图书馆阅读服务的理论透视

一、公共图书馆与全民阅读

（一）阅读及其特征

阅读实质上是从"信息"中获得意义的过程，这个过程的完成依赖于阅读者原有的存储知识、文字材料蕴含的信息和阅读所处环境等因素的相互作用。因此，综合各个领域对阅读定义的观点，可以得出：阅读是指读者主动从媒介所提供的符号信息中获取意义的一种实践活动、社会行为和心理过程。

特征是人们认识事物与区别其他事物的基础标志。就阅读而言，具有以下三个特征：

第一，阅读是视觉感知的活动。读者首先由视觉感知文字信息，其次由传导神经将文字信息输入大脑；最后大脑的中枢神经从中提取所需的信息。人们通过默读和朗读，把无声的文字转变为有声的语言，同时听觉器官感知并监听口读。感知文字符号信息只是阅读的手段，阅读的主要对象是书面语言（文本、数字、图像等），通过视觉的扫描从书面语言中获取意义。感知只能了解读物的个别属性和外部特征，从而获得感性认识。人们的一切认识都是从感觉开始的，感知是阅读的开端，从这个意义上讲，感知能力是十分重要的。

第二，阅读是一种复杂的语言技能活动。阅读是由一系列阅读行为和阅读技巧组成的语言实践活动。阅读技能又可以细分为许多微技能，如字词的识别、语义的分析、提取有关知识、思考推理、归纳，等等。这些过程在人脑中是同时进行的，只有学会释词断句、撷取重点、归纳中心、查阅工具书等技能，把书本上的语言变成自己的语言，才能把文章所要表达的中心思想通过思考转化成自己的思想。

第三，阅读是个人思维活动和理解的过程。在阅读的过程中，人们通过感官感知文字信息后还必须经过思考、想象、判断、推理等一系列的思维活动，才能将文字信号转换成各种概念和思想。无论是从生理的角度还是从心理学角度，理解文章都是一个复杂的过程，这种过程被一定规律所支配，由人的大脑思维非常独特的特性所决定。理解是人们逐步认识事物的联系，直至认识其本质、规律的一种思维活动，阅读理解的实质就在于以原来掌握的固有知识与读物中的新知识建立必要的联系。理解的过程是对文献进行再加工的过程。在这种过程中，人们通过对文献内容的逻辑分析和综合判断等一系列的思维活动，将文献中的语言进行总结、提炼，变为自己的思想。从而获得阅读的乐趣，从中获取知识。

（二）公共图书馆与全民阅读的关系

1. 公共图书馆是全民阅读推广活动的阵地

公共图书馆是人们获取知识的主要渠道，也是文化和各种信息交流的重要场所，馆内收藏的数字资源丰富，而且是经过筛选和专业化整理的，还有大量实用性强的文献资料，如各种期刊、报纸、经典名著等，满足不同读者的阅读需求。公共图书馆是公益性质的机构，在号召大家多读书，推广全民阅读方面具有重要作用，不仅有丰富的文化资源，而且为人们提供了良好阅读环境。此外，公共图书馆还承担着一定社会责任，作用无可替代，在推广全民阅读的活动中，公共图书馆是组织领导者，在全社会传播公平、现代民主等思想。阅读可以丰富思想，提高公民素质，读者如果能够长期坚持阅读，就会形成良好的阅读习惯，具有终生阅读的意识[①]。

我国公共图书馆全民阅读推广活动的发展已经进入高潮，各个地区的公共图书馆都有负责推广全民阅读的机构，安排专业人员负责宣传推广。公共图书馆还举办了多种活动激发民众的阅读兴趣，让读者通过参与活动感受阅读的魅力，自觉培养阅读的习惯，树立终身阅读的理念。当前的阅读环境是纸质图书和电子图书共存，在这种情况下，公共图书馆可以改善多种阅读方式并存带来的不良影响，提供更多样化的阅读服务，以满足读者多样化的阅读需求，在全社会推广阅读，使公共图书馆得到越来越多人的关注。

2. 公共图书馆承载践行着全民阅读的文化精神

公共图书馆为人们呈现了一座巨大和丰富的知识宝库，便于人们深入、系统阅读，其作用是不可替代的。公共图书馆集中了不同地区的重要信息，人们可以从中获取各种所需的知识和信息。与此同时，不分差别地向所有人提供需要的服务和知识，无论年龄段、国籍、社会地位等。读者可以从公共图书馆中获取完整的文献资料，享受全面且系统的文献服务，公共图书馆对所有的读者开放，没有等级之分，人们可以从中了解到完整的知识体系。

我国近年来提出了要建设学习型社会，不断加强文化基础设施建设力度，因此公共图书馆的设施明显改善，尤其是馆藏文献数量明显增加，各类应用水平不断提升。

（三）公共图书馆推广全民阅读的作用

公共图书馆的主要功能是向民众普及科学文化知识、组织开展相关教育工作以及保存人类珍贵的文化遗产等，在推动全民阅读的活动中占据中心地位，也是重要的组织和实施机构。在公共文化服务体系中，公共图书馆也是重要的一部分，引领开展全民阅读推广活动。全民阅读活动需要公共图书馆积极参与，

---

① 赵发珍. 公共图书馆全民阅读推广模式探析 [J]. 图书馆学刊，2014，36（01）：84-85+101.

这样才能推动全民阅读活动不断发展，提供丰富多样的服务，拓宽了图书馆服务的范围，采用集成化的网络知识服务平台，也大大提高了知识共享效率，打造个性化和人性化服务，实体馆藏资源和网络资源相互补充，线上和线下实现更好的衔接，推动公共图书馆融入全民阅读活动中，并保证了活动的持续发展和前后连贯。

1. 建立学术文化社区，培养民众科学素养

公共图书馆是社会重要的服务机构，为社会提供文化、教育、信息等服务，传播科学文化知识，帮助民众获取信息，在社会主义文化生态建设中发挥着不可替代的作用。全民阅读是社会主义优秀文化传播的重要途径，也是提高公民文化素质的重要方式，以公共图书馆为主，不断完善服务体系，有助于深入开展全民阅读活动。实施全民阅读战略，首先要做的是通过丰富多彩的活动，激发民众阅读积极性，为民众阅读提供建议，从而从整体上提高公民的文化素养。从这一点上来看，全民阅读战略与公共图书馆的职能是相吻合的，公共图书馆与政府相关文化部门展开合作，开展多种形式的文化活动，大大拓展了图书馆在教育和文化方面的职能，还可以与社区合作，引导民众多阅读书籍，帮助民众提高自身素质，建立学术文化社区。

在知识和信息不断发展的时代，很多学科不断分化成更细化的学科，交叉学科和边缘学科层出不穷，知识和科学无论是形式还是内容，都更加细化和复杂。在这样一个时代民众对知识的渴求也达到了新的高度，迫切需要学习新的知识，以更好地融入社会。而全民阅读的兴起和发展正是知识经济社会发展的必然选择，在公共图书馆的引领下，为民众提供知识文化服务，旨在构建全民阅读服务体系，激发民众自主学习的意识，进一步提高全民文化素养。

2. 丰富民众精神生活，调整全民阅读职能体系

公共图书馆的存在就是为民众提供知识文化服务，承担着文化教育的职责，无论是学习还是科技创新、创作等与文化相关的活动，都需要图书馆的支持。当今时代是知识经济快速发展的时代，任何组织和个人都不能不通过阅读获取

相关知识，提高自身科学文化素养。公共图书馆在推广全民阅读方面扮演着重要角色，满足人们日益多样化的需求，在人们精神文化生活中是不可或缺的。社会主义特色文化体系建设的重要举措就是全民阅读活动，它立足于文化，以提高全民族创造力和文化素养为目标，打造文化自信。公共图书馆具有丰富的馆藏资源，在此基础上不断创新阅读服务与推广方式，借助图书馆的文化职能，可以很好地解决民众对文化的需求，对促进社会主义文化事业发展具有重要推动作用。

当前，科学技术发展迅速，公共图书馆的作用也日益凸显，在传播优秀文化和先进思想方面是重要的平台，担负着文化教育的职责。公共图书馆主要负责普及科学文化知识，为读者提供图书借阅服务，以及管理文献资料等。应该认真履行自身职能，激发民众阅读积极性，为民众提供更好的服务，满足他们精神上的需求。同时，做好文化教育工作，明确自身在提高国民综合素质方面起到的作用。当前，知识经济快速发展，政府相关文化部门提出全民阅读这一重要战略举措是顺应当前发展，公共图书馆是社会文化服务机构，应该认真履行自身职能，主动承担全民阅读文化开展中的重要任务，并从过去的经验中总结教训，完善自身职能体系。

3. 创新全民阅读模式，普及全民阅读服务范围

知识经济时代的发展改变了公共图书馆的服务范围和职能，以往图书馆主要负责向读者提供书籍借阅服务和信息服务，现在则向读者提供知识和智慧服务。在社会文化事业建设中，全民阅读具有系统性，公共图书馆在深化全民阅读服务中，能够激发民众的阅读兴趣，并根据民众的阅读习惯，为其提供需要的服务，根据民众需求，创新服务机制和管理模式，使职能更加完善。作为为社会提供支持和服务的机构，公共图书馆主要是向民众普及科学文化知识，大力宣传优秀的文化和思想，在民众价值观塑造方面起到重要的引导作用。

公共图书馆面向大众开放，公众可以在图书馆中获取想要的信息和知识，借阅相关书籍。如今的信息时代，移动智能设备快速发展和普及，人们从图书

馆中获取知识和信息的越来越少，而更喜欢在网上购物、看视频等。在信息时代，为了向公众普及科学文化知识，全民阅读活动应运而生，让公共图书馆在知识和文化传播、社会教育方面担任重要的职能，而全民阅读活动的开展，形成良好的文化氛围，会大大提高图书馆的知名度，吸引更多读者，也会拓宽图书馆的服务范围。

4. 形成家庭阅读氛围，扩大公共阅读资源利用程度

家庭是社会的重要组成部分，儿童在家庭中接受最早的启蒙教育，因此家庭阅读至关重要，承担着构建和谐进步社会的重任。公共图书馆家庭阅读推广让更多家庭参与到阅读中，知道阅读的重要性，在家庭中形成热爱阅读的良好氛围，这样可以带动整个社会形成良好的文化氛围，日益凸显阅读的重要性，不断完善阅读相关保障和责任机制。可以借鉴传统家庭阅读中的阅读精神和氛围，开展家庭阅读推广活动，在家庭阅读图书的选择方面提供建议，培养家庭阅读习惯和阅读兴趣，提升阅读层次和水平，从而形成良好的家庭阅读秩序，推动社会阅读深入发展。①

公共图书馆资源丰富，为民众提供了多种阅读资源，既有纸质书籍，也有各类电子图书，这些都是人类智慧的结晶。公共图书馆家庭阅读推广不仅可以带动全民参与阅读，也可以使公共阅读资源得到充分利用，提高利用率，让读者更加精准地获取需要的资源，提高公共阅读资源的社会效益。

二、公共图书馆阅读服务理念——普遍均等服务

为公共图书馆的社会公共物品性质所决定，平等享受公共图书馆服务是公民的基本权利；而普遍均等服务则成为公共图书馆最核心的服务理念。

"普遍均等服务"就其实质而言，是全民阅读理念在公共图书馆领域的具体体现。如果说，推广义务教育的目的是让每位公民都具有基本的识字和阅读

---

① 罗佳. 公共图书馆推进全民阅读的方法探析 [J]. 开封文化艺术职业学院学报，2021，41（08）：239-240.

能力，公共图书馆所倡导的平等服务、免费服务、无区别服务或无障碍服务，其着眼点则是保障公民平等的阅读权，让每位具有识字和阅读能力的公民都能平等享受公共图书馆的阅读服务。而所谓"平等阅读权"，又恰恰是"全民阅读"理念的核心内容。它主要体现在两个方面：

（一）权利平等

平等意味着对人的基本权利的尊重，这种尊重不因富贵贫贱、身份高低等因素而转移。平等享有权利的保障是图书馆"以人为本"原则的基本体现和核心内容，表现为对用户的普遍关爱和普遍尊重，以及对用户基本合法权利的普遍保障。具体来讲，图书馆用户的合法权利主要体现在用户资格获得、信息资源阅读、个人隐私安全和人格不受践踏和侮辱、问题咨询、参与图书馆管理与监督和决策、享有遵守图书馆规章制度的权利和履行应尽义务、对图书馆建设和服务提出合理化整改建议、享有辅助性服务、客观评价图书馆管理和服务工作并依法追究侵权行为，以及要求相应合理赔偿这些方面的平等权利。图书馆的基本职能是引导公众实现"认识权利"，图书馆人的基本职业信念就在于在传播文献信息资源的过程中，以这种基本职能为导向，切实保护好读者权利不受侵犯。

（二）机会平等

机会平等的本质就是保障用户在图书馆的基本权利，并做到对用户态度上的基本尊重，保障用户可以在图书馆可以平等利用图书馆资源。这种平等并不是停留在表面的平等，而是要落实到具体的人群，如阅读能力较低的群体、残疾人、犯人等弱势群体，要切实保障他们的平等权利，强化对这些群体的现代化信息技术培训，正视他们在能力方面的差异化，并进行针对性能力提升服务，可以说，只有保障社会弱势群体的权利，即使其平等利用和共享图书馆信息资源，才能确保图书馆服务实质上的平等。

平等是人文关怀的最基本内容，若想真正做到平等，就必须做好以下工作内容：①最大程度缩小图书馆信息资源与用户之间的距离，使用户利用和共享信息资源更便利；②最大程度地创造平等利用和占有信息资源的机会，营造相对宽松、自由的利用环境，为用户平等利用图书馆信息资源扫除障碍；③严格落实守密原则，不监控、不窥探、不泄露用户在图书馆的自主查询记录和对各种信息资源的利用用途，在充分保障用户个人隐私安全的前提下，最大程度地满足用户的个性化需求。

三、公共图书馆阅读服务的对象分析

图书馆服务的对象范围较为广泛，所有对信息服务有所诉求的成员都是其服务的对象。图书馆的主要职能之一就是提供广泛的信息服务，因此，一切工作都应该在其指引下开展，在不断满足服务对象诉求的基础上完成，这才是保证服务质量的根本路径。

（一）公共图书馆阅读服务对象的类型划分

读者在其中扮演的角色是双重的，从文献阅读的角度来讲，它是主体。从资源建设的角度而言，它又是客体。我们在定义读者的内涵时，将其认为是能够对各种资源有一定的接受能力的对象。从当下公共图书馆建设的情况来看，读者在信息交流过程中扮演的是核心角色，他们要从自身出发发出信息，还要对信息进行综合处理、客观评价。同时，公共图书馆为了将其内在的潜力激发出来，必须在管理建设方面加大力度，要提前将读者有关工作做到位，将馆藏文献的价值充分发挥出来。同时，在对每一项工作进行细化时，首先要对读者的类型有一定的了解。实际上，我们可以对读者进行如下几个方面的划分：

1. 按照读者对图书馆文献的使用情况划分

就文献的角度而言，根据读者对其应用的差异，我们可以将读者分为以下几种：

（1）文献型读者。这种类型的读者指的是在获取信息的过程中以检索纸质文献，阅读纸质文献为目的的读者。他们由于自身资源获取的特殊性，因此对于纸质文献有着较强的依赖。有时，他们对于纸质文献的偏好也是由于对网络资源的获取渠道掌握不够到位，对数字资源的使用不甚熟悉，所以才会更多地选择纸质文献来进行阅读。

（2）网络型读者。这类读者对于网络的使用十分熟悉，他们也对数字信息十分敏感，习惯了依赖平台进行资源的检索。现代图书馆当中的不少信息只能通过电子平台来进行检索，这也是弥补纸质文献缺失的一种有效形式。

（3）混合型读者。综合使用上述两种文献检索方式的读者，我们就将其称作是混合型读者。他们既会选择电子平台进行文献检索，也会利用纸质文献来查阅知识，不管对哪一种方式都没有特殊的偏好。他们会结合自己需要检索的文献来选择不同的方式，这样的读者能够获得更加全面和科学的信息。

2. 按照读者的授权情况划分

就读者授权的现实实践而言，我们可以将读者分为以下几种：

（1）借阅证读者。这类型读者会凭借其借阅证来进入图书馆。他们的信息检索方式不会受到限制，可以选择纸质阅读，也可以选择登录账号来访问图书馆的网站。包括数据分类搜索、阅览室查询以及数据库访问等。

（2）授权读者。没有办理图书馆借阅证，但是已经完成基本的注册流程的读者就属于这一类型的读者。他们会通过图书馆的信息指引来授权检索。这类型读者需要有合法的登录授权，他们的信息也会受到保护。

（3）未授权读者。这类型读者指的是被图书馆授权登录网站，却没有下载权限的读者。他们对公开的信息具有访问权，但是对于馆内信息没有下载权限。

3. 按照读者所处的空间划分

就读者所处空间不同的角度来说，我们可以将读者分为以下几种：

（1）馆内型。馆内读者指的是前往图书馆来进行信息检索，获取自己所需要的知识的读者。我们通过比较现代读者和传统读者的差异能够发现，他们虽然存在部分一致化特征，但是在实现途径方面存在着明显的差异。

（2）远程型。远程型指的是利用现代化的各种媒体，通过账号登录等方式进行信息检索的读者，他们会以远程的路径来进行信息定位。目前，计算机的普及化程度越来越高，数字资源的类型更加多样，这类型读者的数量较之前获得了明显的增长。

（二）公共图书馆服务对象的需求变化

之前的信息环境是十分单一的，服务对象对于信息的诉求也没有那样的多元，因此，大多数人会选择纸质文献进行阅读。现代背景下，数字时代席卷全球，各种资源冲击着人们的视野，服务对象较之前也发生了明显的变化，这种变化愈演愈烈，复杂态势日益明显。

从服务对象的角度来考虑，当下的读者群体呈现出以下几个方面的发展变化特征：

1. 广泛性

信息化背景下，信息资源本身具有巨大的发展潜力，其蕴含的价值也是巨大的。只要对相关的资源有详细的了解，掌握了一些多样化的信息，也就代表着他们对这种资源有了绝对的掌握和了解，进而将资源转化成社会发展的巨大价值。当下，全社会都习惯了通过网络进行信息检索，每一个成员都可以根据自身的需求进行信息定位、筛选。这就造成了现代图书馆拥有更多的服务对象，读者也随之而获得了一定的增长，为读者群体的扩大提供了源源不断的动力。长此以往，图书馆的服务便拥有了动力源泉。

2. 综合性

就图书馆的建设而言，服务对象具有明显的复杂化特征，部分对象有检索信息的需求，还有一些是为了获得更多的知识，更有一部分读者是出于科研的目的，有些是为了查阅有关的书籍……综上所述，服务对象的复杂性就决定了信息建设的多元性，这是多元化的建设的基本诉求。我们就需要构筑完善而多元的信息资源网络，将其作为一项基本任务来进行建设。此外，还应该优化创新形式，深入探索出更加多元的形式和更加丰富的实现路径，这样才能适应读者更加多元的信息建设需求。

3. 专业化

科技的发展与之前相比日新月异，服务对象顺应时代发展与建设的诉求也获得了整体素养的提升，这就造成了他们的需求不再简单地集中于单一化层面，多元化特征体现得十分明显。换言之，随着图书馆的发展变迁，服务对象对于文献的需求也更加多元。知识内容、组织形式、服务类型都变得更加多元，社会发展要求知识建设更具系统性，更具专业性。公共图书馆需要深化拓展服务形式，创建更加具有特色的馆内服务形式，这样才能使得服务对象的诉求得到更大程度的满足。

4. 个性化

公共图书馆所面临的客体是一个个立体的读者，他们存在爱好、职业、年龄以及自身受教育背景的差异，所以就会表现出不同的个性成长需求、心理需求以及行为习惯。例如，科研人员需要掌握更完备的信息，他们要求自己所掌握的信息是高效的、科学的；大学生掌握的信息是较为多元的，他们不仅要了解与自己相关的专业知识，还要掌握社会各个领域的新闻动态；企业职工不仅要针对自己的岗位进行学习，了解自己所掌握的技能的科学性、准确性和指导性。正是因为主体存在需求的差异，服务对象的诉求日益个性，所以公共图书馆需要针对不同的服务对象采取差异化的服务形式。

5. 层次性

与传统图书馆相比较而言，公共图书馆服务对象需要的信息呈现出明显的层次化特征，这是由于影响服务对象的要素会受到政治、经济、高科技、工作领域等多方面要素的影响，此外，个人的兴趣、素质等也会对其产生较大的影响。读者的需求具有明显的多重化特征，他们不仅有娱乐的需求，也有解答自我疑惑的需求，更有求解的欲望。同时，大多数对象的需求都经历了一个由低级到高级的动态变化过程，都会由较低的层次逐渐延伸到较高的层次。在满足了基本的娱乐需求时，才会向更深层次的求知、研究的方向深化拓展。

6. 开放性

数字化是当下发展的一大变局，如果图书馆只是承担起文献典藏的功能，那么其他方面的能力发挥就会受到明显的限制。公共图书馆需要和其他信息网络之间建立起紧密的联系，打造共享资源的新格局，将自身的发展与信息系统融为一个整体，让更多的服务对象在开放中感悟到信息共享的巨大价值，为整个社会的信息建设奠定基础。

7. 经济性

随着现代社会发展程度的不断深化，人们面对纷繁复杂的信息时，往往会选择不同的方式来获得有用的信息。他们可以通过图书馆来进行有效信息的阅读，也能够通过各种网站、电子软件来进行信息的读取，因而，他们在选择时具有很大的自由性。对于广大的读者而言，他们会综合多方面的因素进行考量，经济要素、便捷程度等都是需要考虑的几个方面。对于公共图书馆而言，这既是一个前所未有的重大机遇，也是未来图书馆事业发展中的巨大挑战。

8. 及时性

科学技术的发展推动整个社会的变革，不管是信息的加工、生产还是传递等都发生了显著的变化。崭新的事物不断登上历史的舞台，知识更新的速度明显加快，图书馆建设领域的成果不断出现，成果更新速度也较之前发生了新的变革。在这种背景下，公共图书馆应该将关注的重点放在服务的优化与转型等方面，要将建设实效充分发挥出来。

第二节　信息化时代公共图书馆阅读服务变革

在信息化时代，新技术的不断更新将成为常态。新兴技术，比如：在人工智能、5G技术、大数据分析、云计算、虚拟现实技术（AR/VR）等引领与作用下，公共图书馆服务民众的阅读服务也将发生巨大而重要的变化，新兴的技术不断地改变着人们的生活和阅读习惯，阅读习惯与阅读方式的改变也必然促使公共图书馆在阅读服务模式和服务方法及流程方面进行转型和升级，从而进入智能阅读的新时代。

一、公共图书馆阅读服务的未来方向——智能化

公共图书馆阅读服务的未来方向是智能化发展，实现智能化阅读服务。随着人工智能技术的发展，智慧图书馆空间建设、智慧服务等在公共图书馆不断实践，未来，人工智能与阅读服务的相互融合、相互促进将成为常态，促进着图书馆阅读服务实现质的飞跃。

技术的不断创新与发展使"智慧书房"成为公共图书馆满足读者阅读需求的新空间和新工具，它不仅仅是一种阅读管理工具，还可以推动阅读与社交融合，成为读者互相沟通交流的纽带，实现空间共享，也可以共同创建虚拟阅读空间或阅读社区，为有共同兴趣爱好的读者提供交流平台。在这里，读者可以发表对他们关注的某一本书或某一类书的书评，分享阅读体验等，图书馆员也可以适时参与，推荐新书、为读者答疑解惑等。

二、公共图书馆数字化阅读服务——电子化

随着公共图书馆资源数字化进程的不断加深，数字化阅读服务成为阅读服务的重要组成部分，同时，运用技术创新不断推动全民阅读事业，数字化阅读推动着图书馆阅读服务的智能化发展。在当今数字阅读时代，公共图书馆不断采用新兴技术，利用移动平台、智能模式为读者提供数字化阅读服务，尤其是在推动全民阅读事业方面，将发挥重要的主体驱动作用。

三、公共图书馆阅读服务泛在化——全球化

随着网络技术的发展，线上线下融合的全球化服务日益成为公共图书馆阅

读服务泛在化的具体体现，并不断推动着图书馆阅读服务的诸多创新。随着国家相关政策的出台，图书馆阅读服务全球化特点更为突显，人工智能、大数据等新技术的发展，也为图书馆阅读服务全球化提供重要技术保障。在此基础上，公共图书馆的阅读服务将灵活多变的线上服务与注重体验的线下阅读服务相结合，实现优势互补和资源与服务上的连接，让读者不受时空限制地获得图书馆的阅读服务，在图书馆服务方式的变革中提高图书馆阅读服务的效能。

四、公共图书馆精准阅读服务——个性化

在全民阅读不断向纵深发展的今天，公共图书馆更多地致力于将优质内容作为核心或关键点为读者提供更为专深、多元，符合读者个性化需求的阅读产品，也是公共图书馆阅读服务的重要目标之一。公共图书馆精准阅读推送服务是与用户紧密联系的个性化服务，它运用最新的信息技术，通过大数据、云计算等实现为读者提供精准、细分的服务。

公共图书馆将根据用户画像、深度分析阅读数据，为每一个读者有针对性地定制个性化阅读服务内容，借助人工智能技术，实现智能推送读者所需的阅读资源与阅读服务。同时，利用用户对服务的反馈，图书馆将优化、校准个性化服务的精度，不断满足读者的阅读需求。未来，公共图书馆将以精准的阅读服务实现读者个性化阅读需求的满足，提升用户的服务体验和图书馆的吸引力。

信息时代的根本特征，是实现个体选择的丰富化，以及个体与环境的适配性。在信息时代里，人工智能、大数据、数字化等技术发展将使人获得最大解放。这些不断发展的新技术将为人们打造集多种新兴技术于一体的智慧阅读服务平台，数字信息技术的发展推动着全民阅读推广与服务模式的深入与创新。在当今沉浸式、场景化阅读的新趋势里，公共图书馆将为满足读者丰富的个性化阅读需求而继续努力。同时，随着用户画像数据库的建设及人工智能算法的不断改进，公共图书馆所提供的阅读服务将日益向着数字化和智慧化转型和发展。未来，公共图书馆作为服务民众的公共文化服务机构，信息化时代的技术发展

将为其阅读服务实现技术赋能，使其实现公益服务效能的最大化成为可能。

第三节 公共图书馆智慧阅读空间的创新构建

随着新技术、新设备与新理念的快速发展与相互融合，图书馆传统的藏书阁功能正逐渐弱化，向着特色化、创新化、多元化的第三空间进行转变。

一、公共图书馆多元交互智慧阅读空间构建

智能时代到来之后，社会中越来越多的领域开始出现大数据、人工智能、物联网以及 5G 通信这样的词汇，越来越多的领域引入了新技术，公共图书馆也是一样。公共图书馆需要结合新技术进行阅读空间多元交互智慧化方面的积极创新、积极探索。对于公共图书馆智慧服务的发展来讲，多元交互的智慧阅读空间非常重要，读者可以借助该平台、该空间进行自主阅读，在这个空间分享信息、交流经验。所以，很多学者都注意到了这一空间的重要性。公共图书馆凝聚了很多资源知识，承担了文化信息传播的重要职责，会定期向社会开展阅读推广活动。所以，公共图书馆在进行多元交互智慧阅读空间建设时，应该更加注重空间内涵的明确，体现人本理念的相关要求，在此基础上，根据读者提出的个性化需要开展智慧服务。公共图书馆需要对读者提出的需求进行深入分析，在此基础上建立智慧服务感知体系，并且借助该体系去建设多元交互的智慧阅读空间，推进阅读服务模式的创新与探索。

（一）公共图书馆多元交互智慧阅读空间的特征与意义

公共图书馆多元交互智慧阅读空间加入了智能技术，获得了智慧感知、智慧服务以及智慧判断能力。在这个智慧化的空间里，用户可以同时进行物理空间和虚拟空间的阅读交互。可以说借助多元交互智慧阅读空间，公共图书馆可

以满足读者提出的情境、信息、环境以及判断等方面的感知要求。多元交互智慧阅读空间利用自适应的方式为读者创造更加适合阅读的智慧环境，然后通过为读者提供个性化知识的方式实现读者在物理空间和虚拟空间之间的阅读交互，从而让读者体验到更加个性化的服务，获得了良好的阅读体验。多元交互智慧阅读空间建设让公共图书馆实现了服务内容、服务方式等方面的升级，也提升了用户体验，支持用户在物理空间以及虚拟空间使用多种学习范式展开阅读活动，有助于用户创新能力、学习能力的提升。

1. 公共图书馆多元交互智慧阅读空间的特征

构建多元交互智慧阅读空间可以充分保证阅读过程当中读者的主体地位，构建多元交互智慧阅读空间可以为读者提供更有深度、更有个性、更加智慧的阅读环境，读者可以在这样的环境当中进行感知概念以及知识等方面的交互。通过阅读学习，读者可以获得与社会发展需要、生活需要有关的理性智慧、实践经验智慧，这也侧面说明智慧阅读空间体现出了交互、建构以及人本三个方面的特点：

第一，交互性。因为智慧空间将物理空间和虚拟空间紧密地连接起来，所以，智慧空间当中，不同阅读要素有了更深层次的交互。分析阅读交互，可以将智慧阅读划分成四个方面的交互，分别是人机、环境、信息以及知识。公共图书馆可以借助于智能系统、传感器系统以及匹配传感器系统三个系统的作用去感知读者有哪些阅读兴趣，分析读者在阅读方面有哪些个性化的需求。在三个系统的综合作用下，智慧阅读空间将会形成更强的环境和信息方面的感知力，隐性形态的知识也可以变成显性形态的知识，可以说智慧空间真正做到了知识和信息的交互。

第二，人本性。公共图书馆在构建多元交互智慧阅读空间的时候始终把读者作为构建中心，始终遵循人本主义理念的指导，公共图书馆会对读者的个性读书需求进行分析，会通过选择资源获取方式、阅读路径设置等途径去调动和激发读者对阅读的喜爱，引导读者主动展开阅读活动。

第三，建构性。多元交互智慧阅读空间的建立是为了引导读者形成知识系统，引导读者发展思维，提高思维认知水平。多元交互智慧阅读空间建构使用了虚拟现实技术，该技术的使用为读者提供了更快吸收信息、更快获取知识的阅读环境。除此之外，公共图书馆还借助于人工智能、大数据、物联网等技术为读者设置个性化的阅读路径，这些方面的建构是读者认知、创新、思维等方面能力提升的基础。

2. 公共图书馆多元交互智慧阅读空间的建设意义

第一，有助于获得多样化的阅读体验。构建多元交互智慧阅读空间可以让公共图书馆的活动随时随地地开展，可以让公共图书馆解除时间限制、地点限制，为读者提供 24 小时的阅读共享空间。构建多元交互智慧阅读空间之后，读者的阅读不再是读者单方面的投入，而是读者和阅读环境的交互。读者可以感知环境，公共图书馆也可以借助于技术分析读者行为为读者提供更加个性化的阅读指导，为读者创设更具个性化特征的阅读场景。在构建多元交互智慧阅读空间之后，公共图书馆可以做到线上阅读和线下阅读的结合。除此之外，借助于多元交互智慧阅读空间，读者可以在社区、在家开展多种多样的阅读活动。阅读不会对人的学历、对人的职业、对人的社会地位进行限制，借助多元交互智慧阅读空间的支持，可以真正实现全民阅读。

第二，知识的传播将会更加智能化。多元交互智慧阅读空间的构建让读者有了可以随时阅读的环境与氛围，让读者的多元化阅读需求得到了更好的满足。以智慧感知、社会服务、社会分析为基础构建的智慧阅读空间为知识传播提供了一个便利的平台。读者可以借助其他的移动设备登录公共图书馆的智能服务系统，根据自己的需要随时获取知识，使知识获取需要得到了更好的满足。

第三，助推了阅读资源的整合与分享。多元交互智慧阅读空间的构建让阅读资源得到了更好的整合，阅读资源经过整合有了更清晰的类别划分。精准分类之后，资源可以全方位地向其他领域共享。利用大数据技术、人工智能技术，海量的数字资源可以被划分成不同的类别，资源可以经过优化处理之后在更大的范围内共享。

（二）公共图书馆多元交互智慧阅读空间的构建原则

第一，以智能技术作为多元交互智慧阅读空间构建的基本导向。智慧空间想要实现多元交互功能，必须依赖于互联网技术、云计算技术、大数据技术、人工智能技术、虚拟现实技术。借助于这些技术，读者可以对知识形成更加深层次的理解，读者了解到的知识数量也会呈螺旋式上升状态。除此之外，公共图书馆还借助技术应用对读者的阅读需求进行分析，将智能技术和读者需要结合，为读者的线下阅读提供需要的资源知识，并且帮助读者构建了线上的虚拟学习空间。在公共图书馆的帮助下，读者可以构建出完整的知识学习链条。

第二，以读者体验作为多元交互智慧阅读空间构建的重点。公共图书馆之所以构建多元交互智慧阅读空间是为了让读者提出的个性化需要、多样化需要得到更好的满足，是为了协助读者构建更加多元化的知识结构。但随着智能技术的崛起，互联网络中出现了很多异构化数据、结构化数据、半结构化数据。面对这些数据，读者想要获取需要的信息，需要解决一些问题。首先，读者很难从多种结构的信息中快速精准地获取自己需要的信息；其次，信息资源并不是平均分布的，信息在形态结构方面表现出了一定的不同，导致读者对信息的甄别存在困难，而公共图书馆在构建多元交互智慧阅读空间时，完全尊重读者需要，借助于技术对信息资源进行筛选划分，为读者提供精准的阅读服务。

第三，多元交互智慧阅读空间应该致力于为读者提供个性化服务。构建多元交互智慧阅读空间为读者提供个性化服务需要先感知读者提出的需求，然后分析读者的读书需要，进而总结出读者在读书方面的个性化特征。多元交互智慧阅读空间引入了智能识别技术、智能感知技术，这些技术可以有效地获得读者的阅读行为信息，通过分析阅读信息，多元交互智慧阅读空间可以构建出读者在阅读方面的基本画像，然后为读者提供针对性的阅读服务。举例来说，智慧感知系统可以通过感知读者行为的方式获取行为数据，然后将行为数据传送到算法工具当中。算法工具可以直接预测读者产生的个性化需求，预测的主要目的是猜测读者有哪些行为习惯、行为偏好。预测之后，系统会为读者进行类别划分，相同类型的读者会划分到同样的读者群当中，智能系统会为同一个读者群的读者推送知识、文章等。

（三）公共图书馆多元交互智慧阅读空间的构建路径

第一，搭建智慧阅读感知服务体系。想要搭建多元交互智慧阅读空间，那么需要依托智能技术作为搭建基础，除此之外，还要做到阅读资源的共享，还要形成数字阅读资源。公共图书馆未来发展必然会朝着智慧感知服务的方向转变，公共图书馆借助于智能技术和设备构建出来的智慧阅读空间将能够全面地对用户提出的阅读需求进行感知，举例来说，可以借助于智能书架、传感器、定位系统感应器、局域网等方式创造出具备感知功能、控制功能、判断功能以及识别功能的智慧感知服务空间。在传感器的帮助下，系统可以准确地区分识别公共图书馆当中的读者以及物体。公共图书馆借助于阅读和网络方面的大数据，可以对出版物的喜爱人群进行精准判断，公共图书馆可以根据受众喜欢的出版物信息去更新公共图书馆的阅读资源。

第二，搭建智慧阅读服务体验平台。之所以构建多元交互智慧阅读空间，是因为公共图书馆想为读者带来全新的阅读感受，让读者获得更好的体验。而智慧阅读服务体验平台的建立可以为该目标的实现提供支持。平台借助于智能技术可以对读者提供阅读方面的指导，提供阅读资源，还可以个性化地为读者推荐相关内容，可以说该平台为读者的阅读提供了综合服务，公共图书馆优化自身的服务模式之后，可以和读者形成更亲密的关系，这有利于读者忠诚度的提升，也有助于全民阅读的更好推进。

第三，为读者的阅读提供更加多元化、更加注重交互的交流空间。多元交互智慧阅读空间的构建让公共图书馆改变了之前使用的阅读服务方式，公共图书馆可以向更大的范围内提供阅读服务，而且借助于各种各样的智能技术，公共图书馆可以开设的阅读活动越来越丰富、越来越多样。读者也可以以全新的方式获取资源，公共图书馆将虚拟化的阅读指导综合起来为读者提供了交互性更强的阅读交流空间，而且借助于这些技术和虚拟化的渠道，现实的阅读空间和虚拟化的阅读空间实现了同步发展，读者在这样的空间下展开更高效的阅读活动，更快速地吸收和获取知识。

多元交互智慧阅读空间的构建让公共图书馆实体阅读空间也具备了智慧功能，读者可以更加方便更加快速地获取针对性的阅读服务、资源服务。多元交互智慧阅读空间始终把读者当成是自身构建的重点，注重读者在空间当中的体验效果，并且在原有实体空间的基础上为读者拓展了虚拟空间，多元交互智慧阅读空间的构建在一定程度上为公共图书馆的综合发展提供了支持。

二、"城市书房"建设与可持续发展

城市书房是公共文化服务打通"最后一公里路"的创新渠道，是推动图书馆事业高质量发展的"动力源"。

城市书房的出现在一定程度上延伸了公共图书馆的服务空间，延长了图书馆的服务时间，借助网络数字建设以及标准管理，城市书房为读者提供了更多阅读服务。城市书房受到了各个地区文化事业单位、旅游相关部门的欢迎。分析当前城市书房在全国范围内的建设情况，可以发现它已经基本实现了预期目标，获得了良好的读者口碑，在社会上产生了积极的影响。这些成就都说明可以在全国范围内推广城市书房，也说明城市书房在未来将会有更大的发展空间。城市书房取得的成就会让其他的城市参考它的建设模式以及建设经验，全国内将会出现更多的新形式的城市阅读空间。

（一）城市书房的建设意义

第一，城市书房建设是城市文化发展水平的体现。中国社会巨大的进步，离不开每个城市的快速发展，改革开放以来，中国城市建设取得了举世瞩目的成就，各城市科学规划、四通八达、高楼林立，城市现代化工业建设步伐稳健有力。城市经济发展的成果促进城市文明建设，强大的经济后盾，是城市文明建设的发动机。各城市对公共文化投入的比重逐年增大。当今公共图书馆馆舍面积越来越大，馆舍馆体建筑设计新颖，部分公共图书馆建筑已经成为城市地标建筑，是城市现代文明的象征。公共图书馆建设城市书房，单馆以点状服务于城市街道或者社区，整体呈网络覆盖整个城区，24小时不打烊地服务，突破传统公共图书馆服务地域与时间的限制，成为公共文化服务体系的补充和延伸。城市书房，对读者准入几乎无门槛限制，包容性强，社会各阶层，各行业的读者都能在城市书房享有平等的阅读权利，在节奏紧张，竞争激烈的城市，城市书房给予读者的温暖阅读环境，彰显了现代文明进步。公共图书馆的繁荣，城市书房作为一种新的阅读体验，将阅读变得精致而富有内涵，造型精美、环境温馨的居家型书房，将家书房的私人体验，转换为城书房的共同拥有，成为城市文化发展水平的体现窗口。

第二，城市书房建设是公共图书馆深度服务读者的途径。城市书房具备基本的公共图书馆服务职能，读者可在书房内进行图书借阅、阅读阅览、文化休闲等各种读书活动。城市书房在对外服务上实现24小时不间断，实现了部分只有夜间才具备阅读条件读者的阅读愿望，是公共图书馆服务的延伸。城市书房，引入了家居书房的特色，考究的装潢，温馨的阅读环境，满足了读者对书房式阅读氛围的需求，读者在城市书房读书，不仅是阅读行为，更是一种文化体验，让读者在书房读书，好地方读好书，是一种深度服务读者的途径。

第三，城市书房建设是助力阅读推广，促进全民阅读事业。城市书房延长了公共图书馆的服务时间，其广泛的布点，形成网络，间接地扩大了公共图书馆的馆舍面积，扩大了公共图书馆服务的范围。城市书房的创建，以其小巧，美观的装潢成为点缀城市的亮点，为公共图书馆起到了良好的窗口展示效应，为阅读推广起到了影响广泛的宣传作用。城市书房便捷、舒适、齐全的服务，吸引着读者喜欢上阅读，有助于读者良好阅读习惯的培养，城市书房是分布在城市各处推进阅读推广的支点与有力抓手，将美好的阅读体验带给民众，助力阅读推广，促进全民阅读事业。

（二）城市书房可持续发展的时代意义

城市书房的出现符合政府发展需要，符合城市、社会以及公共图书馆自身的发展需要，也能够助推乡村振兴战略的实施。可以说，它符合社会多方发展的利益需求，它的出现适合当下我国的社会发展水平。城市书房之所以能够得到快速推广，这也是原因之一，它的出现推动了公共文化事业的更好发展。

第一，政府层面。随着城市书房建设的深入，城市公共文化空间的空间品质越来越高。可以说，城市书房的出现让城市整体的文化布局更加完善，也在一定程度上推动了公共文化的平衡发展、充分发展。城市书房的出现让城市居民可以共建共享整个城市的文化资源。在建设过程中，社会力量、公共群众也积极参与了公共文化的建设。具体来讲，社会力量和群众基本参与了城市书房的整个建设过程，比如说地址选择、布局设计以及城市书房的管理中，几乎所有的环节都可以看到社会公众的身影。可以说，城市书房的出现改变了之前文化部门单独进行文化服务体系建设的单一局面。

第二，图书馆层面。城市书房的出现让公共图书馆自身的服务范围、服务实践都有了一定的拓展。公共图书馆可以把城市书房当成是自己的分馆。在城市书房建设之后，老百姓可以在自己的家门口享受到公共图书馆的服务。公共图书馆和城市书房之间并没有按照行政级别去设置分馆，它打破了之前必须按照行政级别设置分馆的规则，城市书房的建设是根据读者需要、读者人口分布信息等作为依据，在此基础上确定了具体地址、具体布局。城市书房的出现让公共图书馆服务体系变得更加完善。

第三，社会层面。城市书房通过科学的地址选择在城市当中构建出 15 分钟文化圈，并且在乡镇当中构建出 30 分钟文化圈，它的出现让城市当中出现了覆盖全城的公共文化服务网络，城市书房极大地提升了公共文化的影响力。市民可以在家门口就享受到公共图书馆提供的便利服务，群众可以随时随地地获取自己需要的图书资源，这样的高品质服务获得了人民群众的热烈欢迎。

第四，市民层面。城市书房在建设以及发展过程中始终把人民群众当成是自身的发展中心，始终关注人民群众提出的阅读需求。它的出现基本实现了人人配备图书馆的美好愿望，也刺激了人民群众对阅读的兴趣。在推进城市书房的过程中，市民素养也有了一定的提升，城市当中形成了更浓厚的阅读氛围。城市书房的出现也有助人们养成更良好的阅读习惯。

第五，城市发展层面。城市书房的出现让城市当中有了更加适合人民群众阅读的稳定场所。出于对这样场所的保护，无论是社会还是读者，都会更加注重保护城市书房，读者们会对自我行为有良好约束，也会监督他人行为。可以说，这在一定程度上展现了一个城市的文明，彰显了一个城市本身的文化自信。

（三）城市书房可持续发展的有效策略

1. 大力推进全国城市书房协同创新机制建设

除了继续推进城市书房的建设之外，文化部门、旅游部门也应该共同推进城市书房协同机制的建设，鼓励和号召社会当中更多地组织群众加入城市公共文化服务体系的建设队伍当中。通过文化部门以及旅游部门的组织和引领，不同城市之间可以开展更多的交流，可以让资源得到有效利用，不同城市也可以共同进行城市书房建设方面的创新。不同城市之间的协同可以让城市书房的相关资源聚集起来，也可以让不同的城市分享彼此的建设经验、技术经验，最终形成与城市书房建设有关的数据库、数据体系。体系形成之后，数据价值可以得到更好的挖掘，服务效果也会有一定的提升。与此同时，不同城市开展城市书房联盟联动工作的过程中，可以培养品牌。品牌的形成可以扩大城市书房的影响力。城市书房有更大的影响力之后，城市内涵、城市实力也会得到有效提升。

2. 制订标准与规范，有序推进书房建设和管理

城市书房作用的真正发挥需要依赖管理制度作为基本保障，也就是说，城市书房必须完善管理人员的具体职责，必须确定城市书房的开放时间以及其他管理和建设方面有关的标准。尤其是在全国范围内不断推进城市书房建设的时候，更应该制定出配套的规范和标准。只有标准化的管理，城市书房的建设才可能是稳定有序的，否则，在城市住房建设数量、建设规模不断扩大的过程中，

城市书房的服务质量可能会有所降低。

在目前，全国范围内都在推广城市书房的情况下，城市书房必须尽快制定出可以在全国范围内通用的规范标准，并且将规范标准发展成相应的体系。这样，城市书房提供的图书服务方面的质量才能得到有效保障。

3. 统筹运行维护和安全保卫工作，引入服务外包

城市可以考虑以市级公共图书馆为牵头单位，建立专业的城市书房运维、安保团队，统一为市内公共图书馆城市书房提供系统运行维护、机器设备保养、安全保卫巡逻等服务。市区范围内，由运维保卫专业团队日常巡检维护，郊区的可考虑派驻专门人员负责片区，就近片区可形成联保联动。运行维护和安全保卫具体工作可积极引入服务外包，将城市书房的运行维护和安全保卫交与专业公司实施，市级公共图书馆对服务外包公司做好业务指导、监督和绩效考核工作，有助于城市书房运行维保和安全保卫工作的有效展开。

4. 坚持多元文化交流共生，注重文旅融合发展

城市书房在建设过程中除了遵循管理体系当中的相关要求之外，也要考虑城市本身对图书方面有哪些需要，并且根据城市本身的特色去打造城市特色书房。目前在城市书房建设方面取得较大进展的是城市区域。在未来，城市书房的建设还会向乡镇地区拓展，这样，城市书房的建设才能符合国家提出的公共文化城乡一体化发展的要求，也只有这样，乡村地区的群众才可能有更丰富的文化生活、文化活动。

除此之外，城市书房的建设还可以结合旅游产业，比如说，可以在旅游景区内部建设城市书房，通过城市书房来向游客展示城市文化；也可以结合旅游景区的特色去建设有独特特征的城市书房，或将独立的城市书房单独打造成旅游景点。总的来看，城市书房和旅游产业之间的结合可以有效促进彼此的更好发展。

5. 建立长效机制，保障高效运行和持续发展

在城市书房建设持续推进的情况下，人民群众也对城市书房的建设设置了

更高的要求。人民群众要求城市书房应该提供更加优质的阅读环境，应该注重阅读秩序的维持，应该设置更为便捷的服务。为了更好地满足群众提出的要求，城市书房开始建设绩效考核机制，对城市书房的运行进行考核。除此之外，还专门制定了工作巡查机制，工作人员会对城市书房的运行状况进行突击检查或者定期检查，检查可以让问题得到有效及时的解决。城市书房还应该专门设置工作小组，将城市书房相关发展责任发展任务落实到个人。并且将城市书房建设的相关考核指标和个人的工作绩效考核挂钩。这样的管理真正做到了行之有效，公众提出的要求真正得到了实现。

6. 引入新技术，继续提升服务形象

在网络时代、数据时代，公共图书馆提供服务的时候避免不了要依托于技术手段。城市书房应该引入新技术，借助于技术提升自身的服务效率，优化和完善服务方式。借助于技术，城市书房可以开展更深程度的智能化建设，可以建设出运维监控数据分析平台。借助于该平台，管理者可以对城市书房的相关数据、相关动态进行集中管理。除此之外，还应该在城市书房当中配备智能设备，实现城市书房温度、湿度、亮度的自主调节。智能化建设可以让城市书房展现出更良好的形象，也可以激发社会群众主动参与城市书房建设，读者也能够从书房当中获得更好的体验。

三、"图书馆 + 书院"服务模式与发展

古代书院在我国文化史、藏书史以及图书馆史上都占有重要地位。古代书院具备诸多基本功能，如搜集与收藏图书、开展讲学或学术研究、开展祭祀活动等。以现代眼光来看，书院是我国古代特有的集藏书、教学与研究于一体的文化教育机构，与图书馆不仅在藏书职能上有着天然的联系，而且在社会教育、传承文化职能上也十分相近。对此，在国家加快学习型社会和书香社会建设、弘扬和传承中华优秀传统文化、推动开展全面阅读活动的背景下，将现代图书馆与传统书院两者进行有效结合，建立起"图书馆 + 书院"模式不失为一种图

书馆服务创新的举措。"图书馆 + 书院"服务模式是一种新型的公共文化服务模式，"这种服务模式的主要目的是更好地促进图书馆发挥其在文化传承、群众教育和风尚引领中的作用。"①

（一）"图书馆 + 书院"服务模式的本质分析

"图书馆 + 书院"模式具有独特的内涵：以弘扬优秀的中国传统文化为出发点，为了使古籍里的文字能够重新活起来，在新型公共图书馆模式的依托下，对资源进行有效整合，将公共图书馆建设成为文化与精神的世界，弘扬向善的美德，提倡积极的社会风尚。

古代书院和公共图书馆在性质和职能上有着密切的关系，二者不但都有收藏典籍、整理文献的职能，也都有文化教育的作用。"图书馆 + 书院"创新服务模式以构建公共文化服务体系为出发点，目的在于担负起弘扬中华优秀传统文化的责任，大力推动对古籍资源的研究、整理与开发工作，本质在于要将书院的传统形式和深厚的文化底蕴与现代图书馆共享功能相融合。

第一，加快构建公共文化服务体系的客观要求。在经济全球化、文化多样化的大背景下，我国公共文化服务发展面临着极大的挑战，外在社会环境较为复杂，社会信息化、世界多极化的趋势越来越明显，同时，还要面对资金、设施、场所、人才等诸多内部问题。"图书馆 + 书院"服务模式就是要将传统书院引入公共图书馆服务体系，利用书院已有的设施、场所、受众等，丰富公共文化服务的内容与形式，充分发挥公共图书馆与书院的优势，在二者之间形成互补，这也是新形势下大力推进公共文化服务的新尝试和新模式。

第二，推动古籍资源研究、整理与开发利用的迫切需要。我国历史文化十分悠久，留下的古籍十分丰富。古籍是我国重要的文化遗产，是我国历史传承的载体，它包含着中华民族几千年来的历史与文化精髓。古籍是珍贵的文献资料，对我国政治、经济和文化的发展都有巨大的促进作用。因此，大力推动古籍资

---

① 王玉莲 ."图书馆 + 书院"公共文化服务模式建设发展初探 [J]. 中文信息，2016（3）：26–26.

源的研究、整理与开发工作，就是保护中华民族的历史，就是传承中华民族优秀的文化，对于提升国家软实力、建立文化自信都有着巨大的促进作用。此外，针对估计资源的一系列工作，对于我国公共文化服务体系的建设也有着极大的帮助。在这方面，"图书馆＋书院"服务模式可谓是积极有效的，这种模式可以有效整合图书馆与书院的馆藏资源，通过借阅、展示等形式激发公众对古籍的强烈兴趣，还可以开展诵读古籍等交流活动，全方位带动古籍保护和利用工作。

（二）"图书馆＋书院"服务模式的成效

第一，挖掘与整合文献资源。公共图书馆具有存储文献资源和传播文献资源的功能，收藏了丰富的古籍，这些古籍十分珍贵，具有极高的历史文化价值，可作为重要的文献资源提供参考。但是公共图书馆的服务范围和形式都比较有限，以借阅为主，吸引力不强，以至于珍贵的文献并不能为公众所普遍知晓，就更谈不上普遍开发利用。而"图书馆＋书院"服务模式能在一定程度上弥补这一点，书院可依托图书馆的馆藏资源，开展诵读、讲堂、体验等形式的文化活动，发挥教书育人的职责，深挖古籍内涵与作用并有针对性地推广。

此外，各地的公共图书馆还有着展示地方特色的重要作用，其中往往会收藏有地方志、家谱的特色文献。对于这一点，书院也有相同的作用，它也能在一定程度上代表当地的文化与教育发展特色。因此，"图书馆＋书院"模式能够更加有效地保护、挖掘和展示具有地域特色的传统文化及文献资源，能够推动当地文化事业的发展。举例来说，吉林省图书馆以长白山为依托设立长白书院，促进长白山的文化事业发展，积极整理、保护长白山相关的文献资源，开展抢救非物质文化遗产工作；黑龙江省图书馆龙江书院积极开设具有地方特色的技艺公开课，传承地方文化并努力打造传统与现代相结合的地域文化品牌。

第二，积极鼓励社会多方力量参与合作。"图书馆＋书院"模式作为公共图书馆对外服务的创新手段，能够鼓励社会力量参与中华优秀传统文化的传承弘扬，吸引社会力量参与文化产品的设计开发，调动社会力量参与公共文化服务供给侧改革，构建公共图书馆与文艺院团、文化单位、高等院校、行业协会、宣传与教育部门之间的工作协调机制，发挥知名专家、学者、志愿个人在公共文化服务中的辅助作用。

第三，显著提升公共图书馆服务效能。"图书馆＋书院"模式丰富并发展了单一的图书馆服务内容，健全并完善了图书馆服务体系，拓展了图书馆的服务领域，扩大了读者群体规模，强化了图书馆的教育职能，在很大程度上提升了图书馆的服务能力，改善了图书馆的服务质量。以山东省图书馆的"图书馆＋书院"模式为例，该图书馆将公共图书馆、民间及企业图书馆的建设与尼山书院紧密联系起来，还结合山东省内各地区的基层书屋、阅读室，以及乡镇村文化室等的建设工作，从而形成庞大的文化服务体系，几乎覆盖了整个山东省，实现了规范、有效的文化服务。

（三）"图书馆＋书院"服务模式的发展趋势

1. 确立"图书馆＋书院"发展方向

"图书馆＋书院"服务模式以现代公共图书馆和传统书院相结合为创新理念，这一理念是在责任、文化与现实三方面需要的共同作用下形成。如今，随着社会主义文化大发展大繁荣以及文化体制的深入改革，社会主义文化建设迎来了崭新的篇章，掀起了一轮又一轮高潮。得益于此，公共图书馆事业发展的设施、技术、空间等逐步完善，公共文化服务体系及各类项目建设日臻成熟，文化自觉与自信在人民群众中不断增强，社会公众对古籍、国学、传统美德与礼节等产生了越来越浓厚的兴趣，中华优秀传统文化更加受到重视并得以继承发扬。

因此，"图书馆＋书院"服务模式在未来必须走符合社会主义核心价值体系的道路，并以此为前提对服务内容进行完善，宣传积极向上的传统文化，引导优秀文化的传承与创新，在新时代下挖掘传统文化的新内涵、新价值。此外，各部门都应重视顶层设计，自上而下地推进制度化和标准化建设，对人才、资金等要形成合理的保障机制，丰富"图书馆＋书院"模式开展的活动和内容，从而充分发挥这一模式的文化促进作用。

2. 进一步加强资源整合与共享

在未来的发展中，"图书馆＋书院"模式要依托省、市、县等各级图书馆体系，结合行业联盟、区域联盟，利用院校图书馆及科研院所包括组织人才在内的各类资源，建设总分馆形式，借助数字图书馆、信息共享工程等项目，推动活动内容、人才培养、组织协调的融合与共建。此外，要重视平台的建设工作，在各书院之间要展开畅通的文化交流，一方面要考虑当时当地的条件建设"图书馆＋书院"模式，另一方面也要重视他们之间的共通，不仅要"独美"，更要"共美"。

3. 拓展"互联网＋图书馆＋书院"模式

在信息化时代的大背景下，网络通信工具越来越丰富、发达，越来越多的科技手段（大数据、云计算等）被普及应用，这为图书馆这一行业领域带来了翻天覆地的变化，也使得人们的学习生活方式发生了根本改变。基于这一时代背景，"互联网＋图书馆"已进入讨论范围，图书馆界同仁们对这一模式的发展理念和发展方向展开思考与交流，同时对这一模式下的纲领、功能与保障等体系也做出深入的思考。具体来说，"互联网＋图书馆"模式就是在"图书馆＋书院"模式的基础上充分发挥互联网优势，无论是在服务还是宣传上都充分利用新的信息技术，最终形成"互联网＋图书馆＋书院"模式。在新模式下，图书馆要积极利用多种新媒体社交平台（微博、微信等），利用数字化技术充分宣传活动内容，更多地对活动形式与效果予以展现；要主动构建网络交流平台，以供参与者进行感受与体验的分享交流，还可以在平台上分享文化知识，加大传统文化对社会公众的吸引力，使线上、线下的参与者都能有较强的参与感和互动性；要加强数据库和资源库的建设，收集、整理、开发、利用各类优秀传统文化资源，从而使传统文化能够在当今社会中实现具体的转化。

第四章 公共图书馆阅读推广与服务品牌建设

第一节 公共图书馆阅读推广及项目策划

一、公共图书馆阅读推广的基本理论

（一）阅读推广的定义理解

"阅读推广"一词译自英文"Reading Promotion"，"Promotion"除可译为"推广"外，还有"促进、提升"的意思，所以也有人将"Reading Promotion"翻译为"阅读促进"。

自联合国教科文组织于 1995 年确定每年的 4 月 23 日为"世界图书与版权日"以来，"Reading Promotion"一词频频出现在联合国教科文组织、美国国会图书馆、国际图书馆协会联合会、美国国家艺术基金会的"大阅读"项目等倡导全民阅读的组织、机构的网站和工作报告中。1997 年后，"阅读推广"逐渐成为国内图书馆界、出版界的一个常用词和高频词。然而，无论是国内还是国外，关于阅读推广，都没有特别明确的定义。究其原因，也许是因为阅读推广的字面意思很简单清楚，就是对阅读进行推广或促进，因此无须再做具体的定义。可是往往越简单的东西越复杂，近年来，学界开始关注阅读推广的定义，并试图给出周全的答案。

如张怀涛综合各家观点，给阅读推广做出定义："阅读推广"就是推广阅读，简言之就是社会组织或个人为促进人们阅读而开展的相关活动，也就是将有益于个人和社会的阅读活动推而广之；详言之就是社会组织和个人，为促进阅读这一人类独有的活动，采用相应的途径和方式，扩展阅读的作用范围，增强阅读的影响力度，使人们更有意愿、更有条件参与阅读的文化活动和事业。[①]

王波从国家战略的高度给"阅读推广"做了一个国际化的定义：阅读推广，就是为了推动人人阅读，以提高人类文化素质、提升各民族软实力、加快各国富强和民族振兴的进程和战略目标，而由各国的机构和个人开展的旨在培养民众的阅读兴趣、阅读习惯，提高民众的阅读质量、阅读能力、阅读效果的活动。[②]

以上两个具有代表性的相对全面的"阅读推广"定义，其相同之处在于，两者都认为"阅读推广"是一种关于阅读的文化活动，并且可以做反向理解，即"推广阅读"。

既然"阅读推广"可以理解成"推广阅读"，"阅读"就成了推广的内容，它就与技术推广、产品推广、成果推广、经验推广一样，都属于推广学的范畴。于是，就可以从推广学的视角给阅读推广下定义：根据"推广"的定义，推广是一种由机构部署的职业性的有组织的沟通干预活动，以引导具有变革行为者（推广者）所认为的公共或集体效用的自愿行为的改变，因此，阅读推广是一种由机构部署的职业性的有组织的文化型沟通干预活动，以引导具有变革行为者所认为的阅读效用的自愿行为的改变。"文化性"是阅读推广区别于技术推广、产品推广等商务型推广的标志属性。

因此，个体无意识的偶发的零星的非职业性的推广阅读的行为，其力度还够不上推广学的概念范畴；如果从国家战略的高度看，阅读推广一定具有机构部署性，因为只有机构部署，阅读推广经费才有保障，阅读推广行为才能持续，阅读推广活动才有规模，才有可能谈及阅读推广效益。如此，从推广学角度给

---

① 张怀涛. 阅读推广的概念与实施 [J]. 河南图书馆学刊，2015，35（01）：2-5.
② 王波. 图书馆时尚阅读推广 [M]. 北京：朝华出版社，2015：3.

阅读推广下的定义便具有了合理性。

（二）阅读推广的主要功能

功能指效用和功效等。阅读的功能决定阅读推广的功能。人类阅读可以带来政治上、文化上、社会上以及经济上的积极作用。从个体的角度来说，事业成功、品行修养、身心愉悦、智慧提升等都离不开阅读，这正是古人思想中诚心、正意、修身以及致知的体现。社会的基本单位是人，社会的整体发展是建立在个体发展基础之上，也是民众教化、创新改进、助力生产以及文化传承等社会功能的主要体现。

作为推广阅读文化的一个组成部分，阅读推广主要有四个主要功能：

一是传承文化。文化传承必须通过阅读完成。人类文化的承载主要是通过书籍体现，不论是个体还是群体，只有通过阅读，才能产生作用，文化并不能自动传承。

二是教化民众。自古以来，教化功能是图书最关键的功能，也需要通过阅读才能达成。亚里士多德是著名的科学家和教育家，他认为，官府藏书也好、私家藏书也罢，都需要对外开放并用于教学，才能产生积极的用处。梁启超是我国近代著名的改革家、教育家以及思想家，他于1895年和康有为成立"强学会"，并为达成"群中外之图书器艺，群南北之通仁志士，讲习其间，推行于直省"的目标而努力。强学会书藏这一新型的图书机构也是由其创立的，是一个开放性的、以民智启迪和新学普及为责任的新型机构。但是，受当时条件和社会制度限制，大众对图书馆的利用非常有限，但是这一优于常人的理念和思维具有感染力。这一行为和现在的阅读推广具有异曲同工之妙，也是阅读推广对民众教化功能的一种体现。

三是保持创新。人类进步和社会发展是建立在不断创新的基础之上，而创新需要以阅读为基础。人类的创新并非异想天开，天马行空，而是需要一定的基础和理论支持。毫无依据的创新是不可能实现的，需要对先人的成果和成就予以继承，并进行一定创意和发展，从而形成创新。此外，创新成果的推广也需要借助阅读的力量。

四是助力生产。创新作为科学的本质内容，人才是不可或缺的重要组成因素，人才的形成离不开教育，而教育是建立在阅读基础上，只有阅读，才能发挥书籍的积极作用。所以，从个体角度来说，只有阅读才能使之更加卓尔不凡；从国家和社会角度来说，阅读推广则是促进国家繁荣昌盛的重要手段。

（三）阅读推广的基本原则

1. 社会公益性原则

国家和社会的未来发展都受阅读能力的制约。个体通过阅读能够加强自省、提高自我价值的实现，而从社会来说，阅读有利于知识的普及和延伸学校教育，是个人和社会相融合的一个重要途径。由于阅读具有这一功能，因此造就了阅读推广的社会公益性的本质内容。

从全球的阅读推广工作来看，其吸引了大量的政府组织、国际组织、图书馆界以及各个传媒机构和出版机构的参与。而且，作为阅读产品的制造者和销售者，出版和传媒机构是从自身的利益出发来进行阅读推广的，但同时也起到了较好的促进阅读交流、扩展阅读影响和丰富发展阅读读物等作用。和出版与传媒机构不同的是，国际组织、各国政府以及图书馆界的阅读推广活动的中立性、公益性和客观性更为明确。全球性的文化机构包括了国际图书馆协会联合会、国际阅读协会、国际儿童读物联盟以及联合国教科文组织等，它们在世界性的阅读推广活动中都发挥了积极的作用，有利于全人类文化素养的提高。各国政府在阅读推广活动中承担着制定者、阅读经费的提供者、倡导组织者和实施者的身份，也是阅读推广中不可或缺的重要因素。

在社会文化传播过程中，图书馆的作用是非常重要的，而且有效地促进了全民阅读的进程。在教育儿童、加速社会发展、扫盲识字和促进社会公平和稳定上来说，民间阅读推广的作用也是至关重要的。

2. 服务专业性原则

近年来，一种新型的图书馆服务，即阅读推广，发展势头非常迅猛，这是在专业理论和专业人员的共同支持下而产生的。

第一，从理论的角度来说，之前图书馆学理论并没有很重视和过多地关注这一服务内容，因此在阅读推广理论上来说还是比较缺乏的，所以需要有足够的阅读推广相关的基层理论和实操经验予以支持。

第二，从实践的角度来说，活动是阅读推广服务的主要形式，而前期调研、内容策划、项目宣传组织实施和效益评估是一项活动的基本环节，这对专业技能人员的要求比较严格。像进行前期调研工作时，需要大量的推广人员制作问卷、掌握调查方法并具备统计数据的技能等；进行宣传工作时，要对宣传途径以及宣传效果进行把握；实际实施时，需要能够顺利完成分解任务、组件团队以及安排进程等任务；之后还要具备分析和挖掘数据、整理和收集资料等效益评估能力等，如此才能使得活动顺利展开。

一般来说，一个具有职业精神的人最基本的条件就是具备创新能力、社会资源调动能力以及工作自主性等，而这也需要通过一定的努力才能获得。所以，只有对阅读推广人才进行评估、激励以及培养，才能更好地促进阅读推广服务的专业化发展。为了凸显阅读推广活动的高度专业性，中国图书馆学会也开展了"阅读推广人培育"活动。

3. 人文价值性原则

"人文"是指的人性文化"以人为本"也是对人性的充分尊重，因此阅读推广的人文价值就是指需要以人性为基础开展阅读推广活动。阅读推广工作需要以人的阅读主体性为基础来进行，人是进行一切推广活动的前提条件。阅读推广的人文价值需要从以下三个方面进行体现：

第一，关注人，要培养爱阅读的习惯。从全球范围来看，崇尚人文精神的国家都具有良好的读书习惯。犹太民族是全球最喜欢读书的民族。他们每人每年要读 64 本左右的书。良好的阅读习惯也使得这个民族成为一个具有进取心和上进心的民族，就算亡国了两千多年依然能够复国，并迅速成长为一个发达的现代化国家。

第二，发展人，要培养人人会阅读的能力。三个重要挑战是信息时代阅读不得不正视的问题：首先表现在读物的无限大和时间的有限性的矛盾；其次是高增长的信息量和低效率的阅读能力之间的矛盾；最后是新知识和传统观念之间的矛盾。所以说，分众阅读推广和分类读物推荐也是全民阅读推广中的一项重要措施。例如，古今文学佳作可以针对儿童进行推广，中外人物传记可以主要针对青壮年进行推广，这样才能使得读物结构更为合理，也有利于好书佳作和经典名著的推广和传承。

第三，尊重人，要保障特殊人群的阅读权益。在《公共图书馆宣言》中就明确指出：公共图书馆的服务以平等利用为基础，不分年龄、种族、性别、国籍、语言或社会地位，为所有人提供。公共图书馆须为不能利用常规服务和资料的用户，如小语种民族、残障人士、住院人员或被监禁人员，提供特殊服务和资料。

（四）图书馆阅读推广的要求

为贯彻中央宣传部的全民阅读活动，公共图书馆的阅读推广势在必行，且推广活动必须紧密贴合读者的阅读理念和阅读需求。从目前推行全民阅读活动的经验看来，阅读多元化是最迫切也是最基本的需求，主要体现在阅读服务的多元化、阅读活动的多元化、活动推广渠道的多元化以及活动管理的多元化。

1. 服务理念多元化

要做到全民阅读活动服务理念多元化的需求，必须充分利用公共图书馆的丰富资源，推广公共图书馆阅读，不断丰富全民阅读活动的形式。

全民阅读活动必须重视读者的阅读需求，进行个性化的阅读活动以满足读者多样化的需求；公共图书馆必须保证阅读机会公平，确保全民都能有阅读的机会，实现图书资源的使用公平；全民阅读活动还必须时刻与社会主义核心价值观保持一致，坚守文化内核，通过阅读活动宣扬社会主流价值观，丰富读者的精神内涵；公共图书馆的活动推广必须不断开拓创新，丰富活动的形式，做到服务理念多元化，为读者营造一个舒适的阅读环境，增强推广优势；公共图书馆必须充分发挥积极性和主动性，主动了解读者需求并尽全力满足，提高公共图书馆的服务水平。

2. 主题形式多元化

当前全民阅读活动的开展过程中，已经涌现出许多优秀的推广活动，这些推广活动之所以能够脱颖而出，活动主题发挥了巨大作用，在这些案例中，公共图书馆制定主题时充分考虑到读者需求，紧密贴合社会发展状况，发挥创新意识，并与当下社会人们关注的问题相融合，使活动主题具有巨大吸引力，从而激发读者的阅读欲望。例如，在阅读过程中发布图书排行榜、举行图书知识竞赛、开展经典书目话剧表演等都是十分成功的活动主题案例。

实现阅读活动主题形式的多元化，不仅可以满足读者的阅读需求，丰富读者的阅读书库，还能在活动推广过程中激发民众阅读兴趣，养成良好阅读习惯，最终不断提高社会的文化水平。

3. 推介途径多元化

随着互联网技术的不断发展，网络在世界范围内得到普及，互联网技术也应用到了图书阅读领域，新媒体成为公共图书馆阅读的重要推广渠道，新媒体技术的运用使推广活更加多元化，图书馆的官方网站、官方微博账号、官方公众号等都成为公共图书馆推广阅读活动的重要途径，借助互联网也使推广活动的范围不断扩大，极大提高了推广活动效果。

互联网技术的发展也改变了传统的阅读方式，借助移动手机用户端阅读为读者带来了许多便利。许多大型图书馆也预备推出移动手机 App 阅读平台，通过移动手机进一步推广公共图书馆阅读活动，移动手机上的阅读兼具音频、视频等多种表现方式，可以满足读者多样化需求，趣味性更强，进一步激发读者的阅读兴趣，实现了阅读活动的创新，是图书阅读顺应现代科技发展的重要表现。

4. 管理过程多元化

在众多公共图书馆阅读活动推广案例中可以发现，公共图书馆独立举办的活动效果会相对差一些，大部分成功案例中公共图书馆举办活动都少不了其他社会组织的帮助，社会组织的加入可以为活动提供更多了资源支持，包括物资、人力资源等，增强阅读活动的管理机制，南京图书馆举办少儿阅读活动能够取得成功，离不开当地多个部门的鼎力相助。

公共图书馆在举办阅读活动时必须充分利用社会各界的力量，实现管理过程多元化，优化活动管理机制，才能取得更好的推广效果。

（五）公共图书馆实现阅读推广的条件

1. 公共图书馆推广阅读的法律保障：阅读立法

目前全民阅读已经成为国家的重点项目，为了使全民阅读活动引起社会各界的重视，有学者建议对阅读活动立法，全民阅读不仅仅是对民众提高文化内涵的呼吁，也是国家文化精神的象征。然而，针对全民阅读立法也遭到许多人的质疑，全民阅读活动是每个人可自由选择参与的活动，并不具备立法的条件。全民阅读立法与儿童阅读立法不同，儿童的心智并不成熟，不具备明辨是非的能力和自我管理能力，因此，要在学校和图书馆等阅读场所中针对儿童设立相应的法律来保护儿童。不仅是国内，儿童阅读在国际上也引起重视，国际上不仅举办多个趣味儿童阅读活动，而且在逐步完善儿童阅读活动的立法系统。

随着新媒体技术在公共图书馆推广活动中的运用，对公共图书馆的阅读立法工作也暂时告一段落，而公共图书馆关于儿童阅读立法短时间内无法实现。图书馆儿童阅读立法工作比较复杂，需要通过深入研究各项法律内容，再由国家立法机关正式立法，形成一套完整的法律体系。其中，既要包含对各项法律的详细解释，还需要不断地深入研究儿童阅读立法，不断完善法律制度。从当前儿童阅读立法体系上看，现阶段儿童阅读立法工作更注重法律法规规章制度等方面的指定工作，其中包括研究儿童阅读活动中的精神内涵、管理推广活动用户，保障特殊儿童人群享有平等阅读的权利，包括患有特殊疾病以及缺乏阅读条件的儿童群体。与此同时儿童阅读立法工作还要关注儿童阅读推广效果的提高，以及对阅读资源的合理分配，为儿童提供稳定安全的阅读环境。

法律在阅读推广活动具有重大作用，中国必须重视阅读立法，紧跟国际上的阅读立法进程，不断完善国家的阅读法律体系，用法律为阅读推广活动提供保障，促进全民阅读的实现，从而增强国家的文化自信，树立国际大国风范。

2．公共图书馆阅读推广的资源保障：数据支持

公共图书馆的阅读推广活动是根据群众的需求开展的，必然离不开用户数据的支持，在开展阅读推广活动前，必须先收集用户关于阅读的相关信息，分析整理用户信息，了解用户的需求，将收集到的信息应用到活动方案的设计中去，从而获得更好的推广效果。公共图书馆可获取的数据支持包括用户的阅读行为数据、图书馆的馆藏数据、图书馆管理员的数据以及图书馆用户的相关数据等。通过借助数据分析手段，整合分析图书馆的馆藏与用户的相关数据，从中推理获取用户的阅读行为数据。公共图书馆要适应新媒体环境，离不开大量数据的支持，有了强大的数据支撑，才能更深入了解用户的需求，运用新型科技打造完美的图书馆阅读系统，为用户提供有针对性的阅读服务，提升用户的阅读体验，从而获得良好的阅读推广效果。

有了强大的数据支持，公共图书馆可以为用户提供更具针对性的阅读资源，通过互联网技术分析用户的阅读行为，及时获得用户对推广活动反馈。除了强大的数据分析能力，公共图书馆还必须不断提高图书馆的活动服务水平，首先要提高图书馆管理员的工作能力和专业素养，使图书馆管理员尽快适应新媒体技术，并运用到活动实践中。强大的数据支持也一定程度上解决了图书馆管理员收集数据的困难，能够更加精准地把握用户的阅读需求，从而为用户提供更优质的阅读服务。

3．公共图书馆阅读推广的体制保障：机制创新

公共图书馆要提高阅读推广活动的效果，还需要对图书馆的阅读推广机制进行创新，使阅读推广活动提供更加专业服务，进一步满足用户的需求。只有不断创新阅读推广机制，才能保障公共图书馆推广活动持续顺利开展。通过收集大量数据以及分析过往成功案例可以发现，体制化、专业化是图书馆阅读推广活动的努力方向，建立系统的规章制度，为用户提供专业化的服务，才能更好地满足用户的阅读需求。其中，创新阅读推广机制是图书馆发展的重点问题，

北京师范大学图书馆就十分注重阅读推广机制的创新并且取得了突出成果，将图书馆的阅读推广工作与高校的人才培养结合，使图书馆的阅读推广机制与高校的发展方向相结合，为图书馆阅读推广机制提供具有高素质的专业人才，建立专业优质的服务团队，为图书馆推广阅读活动提供强大的人力资源。

完善我国阅读推广体制必须不断创新图书馆的阅读推广机制，其中要解决的是阅读推广服务难以满足当地用户阅读需求，以及图书馆阅读推广效果差的难题。创新图书馆阅读推广机制必须充分利用理论知识，为公共图书馆阅读推广工作提供科学的理论指导，为阅读推广活动的开展指明正确方向。

4. 公共图书馆阅读推广的动力：素养提升

目前，国内的阅读推广活动已经初具规模，在后续的阅读推广活动中，要重视活动推广的模式方法，明确全民阅读活动的直接目的是增加民众的书籍阅读量但最终目标是提高国民整体的文化素养。因此要从提高文化素养的角度去筹备活动，在制定活动方案时要准确把握民众的喜好和需求，从成功案例中吸取经验，举办多样化、趣味性强的阅读活动，增强公共图书馆阅读活动推广效果，提高国民的文化素养也能使阅读活动推广取得更好的效果。

图书馆的管理员在图书馆阅读活动中也起着十分重要的作用，要做好公共图书馆的阅读推广活动，必须提升图书馆管理员的文化素养，同时要培养图书馆管理员运用互联网科技的能力，使其更好地适应图书馆阅读的新模式，便于更好地开展公共图书馆阅读推广活动。在进行阅读推广活动时，还要充分考虑民众的阅读素养提高的需求和实际情况，制定科学合理的活动目标，便于在活动结束后评估活动结果。

（六）公共图书馆阅读推广的服务模式

结合目前图书馆的发展趋势，我们发现公共图书馆根据自身的馆藏资源、自身的人才储备以及技术优势为大众提供的特殊服务主要有三类，这三类服务模式之间有明显的不同，不同服务模式的差别是服务对象不同，针对的群体种类也有差异，但是它们有共同的目的，就是促进全民阅读，提高我国民众的文化素养水平。

1. 图书借阅服务

图书借阅服务是公共图书馆为大众提供的最基础的服务，该项服务也是公共图书馆其他服务开发的基础，它决定了公共图书馆的基本职能以及公共图书馆的发展形态、发展形式。全民阅读时代，公共图书馆的发展依旧要以图书借阅服务为基础，在此基础上为用户提供更优质的阅读体验。经济时代的快速发展，需要人才具备专业技能，需要人才储备大量的专业知识，各行各业的人们都在加紧学习，寻找更好的学习途径，以此来提高自身的文化素质水平。公共图书馆是贮藏知识的书库，是各种信息的聚集中心，受到了各行各业人才的青睐。在这样的环境下，图书馆应该关注到用户的阅读需求，开展读书活动，针对用户形成更加专业、更加个性的服务模式，满足群众个性化学习的需要，让人民群众养成良好的阅读习惯，整体提高民众的知识水平。

2. 社区文化活动

公共图书馆为社会公众提供的是和阅读、和文化生活相关的服务，通过阅读服务，公共图书馆和公众之间有了紧密联系。随着全民阅读时代的到来，公共图书馆也开始扩大自己的服务类型，服务开始从公共图书借阅转向社会文化活动，社会文化活动的开展需要公共图书馆和社区之间建立合作关系，然后由公共图书馆在社区中举办与图书相关的阅读活动，以此来满足民众的精神文化方面的需要，培养民众形成良好的阅读意识、阅读习惯。

3. 科普知识展览

对于全民阅读活动来讲，科普知识展览是其重要环节之一。通过科普知识展览，人民群众对科学将会有更高的兴趣，人民群众的科学性也会得到明显提升，科普知识展览是全民阅读活动开展的重点，阅读活动中可以设计和科学知识有关的文化展板，并展示科学案例、科学实验，以此来吸引人民群众的参与，参与可以是参观形式的，也可以是亲自动手参与的，目的是让人民群众体会科学文化的巨大魅力，提高人民群众的科学素养。

二、公共图书馆阅读推广项目及策划

（一）阅读推广项目的不同分类

阅读推广项目的标准不同，分类也不同：

从目标群体的角度，主要可以分为：①儿童阅读推广项目；②青少年阅读推广项目；③成年人阅读推广项目；④老年人阅读推广项目；⑤农民工阅读推广项目；⑥盲人阅读推广项目等。

从项目举办情况的角度。主要包括了以下两类：第一，常规阅读推广项目，主要是针对公共图书馆长期开展的阅读推广项目而言。阅读习惯的养成需要一定的时间和持续性，常规阅读推广项目也是必不可少的，需要长期坚持，而这一项目的间隔时间，可以由公共图书馆的实际情况决定，一周、一月、一年都可以，但是要具有规律性。公共图书馆的常规阅读项目包括儿童的故事时间、书目推荐活动等。第二，主题阅读推广项目。不同于常规项目，主题阅读推广项目是为了达到阅读推广影响力的扩大而进行的。一般在节假日或者阅读活动周开展的项目，都属于这一类型，还包括专题性质的活动，如天津市和平区图书馆曾开展读书漫画大赛，是通过结合读书和漫画进行阅读主题漫画作品的征集、评选和展览的一种阅读活动。

（二）阅读推广项目策划的前提——确定读者群

对读者群进行明确是阅读推广项目策划的首要工作。国外阅读推广项目的共同点在于具有明确的目标群体。例如，小学高年级和初中低年级学生是英超俱乐部"阅读之星"主要受众；寄养家庭儿童是"信箱俱乐部"的主要服务对象。又如，挪威还对16～19岁高中生开展阅读推广项目，参加人数达6万多人次，这一项目通过向高中生进行文学书籍和教师指南的免费发放，让高中生能够理解教师是怎样将教学和该书本联系起来的。此外，挪威针对运动员还进行运动和阅读等专业的阅读推广项目的开展，在各个比赛场地和运动俱乐部开展图书阅读活动，加强运动员阅读习惯的养成。

确定读者群是每一个阅读推广项目的前提条件，若是没有明确的读者群，会限制项目的实施效果。不论阅读推广项目大小，都需要明确读者群。

（三）阅读推广项目策划的主要内容

1. 选择与分析读者群

（1）读者类型的细分与选择。

分析读者需求是图书馆的首要任务，应对读者需求的优先顺序进行排列，并从图书馆的实际情况出发，进行阅读推广项目的确定。由于很多图书馆的工作人员有限，人力不够，还应该基于本馆的服务人群和工作重点情况等，对重点读者进行确定。

儿童和老年人是公共图书馆的重点服务对象，学生是高校图书馆的重点读者，并在这一基础上进行不同兴趣和不同年龄的划分。对此，可以针对 0～1 岁、1～3 岁、3～5 岁、6～9 岁等儿童读者，针对儿童的兴趣和爱好进行划分：如喜欢汽车绘本的、喜欢动物小说的、喜欢科普内容等。可以将老年人读者划分为两类：一是高知老年读者；二是普通老年读者或者爱好烹饪的老年读者、爱好音乐的老年读者等。

对读者群体进行明确后，当前的阅读推广工作重点需要依据图书馆的工作规划进行，从而对读者群进行选择，可从两个层面进行：首先，图书馆应该根据资源特征和限制进行相应的读者阅读推广服务。其次，选择合理的阅读推广时间，如大一新生入学、新学期开始等，可以促进大一新生的适应性为主题进行阅读推广，或者是入园时期，针对小朋友的分离焦虑情况等进行有关绘本阅读推广，让小朋友更快适应幼儿园的生活和学习。

（2）读者群特点的分析方法。

为阅读推广确定准确的读者群后，应该详细地分析和研究此类读者群的特征，以此对阅读推广的主题和方式予以确认。例如，英国一个阅读推广项目，将读者群锁定为不爱阅读的男孩子，分析这类男孩子的特征发现，他们对足球比较热衷，所以可以将阅读结合足球话题进行主题的确定，将有关于足球方面的书籍推荐给这类儿童读者群，将足球礼品，如签字笔、徽章等作为奖励，发放给认真阅读的男孩子。若是将 3 ～ 5 岁的儿童确定为阅读群，公共图书馆应该针对该年龄段儿童的心理特征予以了解和分析。需要特别引起注意的是，公共图书馆无论针对哪个读者群体开展阅读推广活动，都需要先对读者群体的特殊性和特征进行分析，可以从以下方面对读者群体的特点进行了解和分析：

第一，文献法。图书馆馆员为了更好地对某个读者群体的特征信息和知识进行了解，可以通过专著、论文以及相关教材等途径获得，如关注儿童发展心理学方面的论文和著作，有利于对 3 ～ 5 岁儿童的心理特点进行了解；若是针对老年人开展阅读推广，可以适当地阅读有关于老年心理学的资料，这样做，可有效把握特定读者群的整体特点等。

第二，调查法。文献法并不能确保对所有读者群特点进行了解，因此有必要结合其他的了解方法。例如，问卷调查法是一种普遍采用的方法，有利于较为准确地对读者的特点进行把握，还能掌握读者的有关特点信息，甚至可以了解馆里老年人的兴趣。当然，这种方法只能针对到馆读者，为了更好地对未到图书馆的读者特点进行了解，需要采取其他方法进行相应调查。

第三，流通数据分析法。读者使用图书馆资源的情况，可以通过流通数据获悉。为了更好地把握读者的兴趣和特点等信息，可以通过分析流通数据获得。例如，对流通数据进行分析后，可以对本馆的大一学生、大二学生或者文科生、理科生比较喜欢阅读哪一类型书籍进行了解，可以获得具有相同阅读兴趣的人群，有利于阅读分享活动的策划。

2. 阅读推广目标的确定

经过以上两步工作，应该对阅读推广项目的目标进行确定。该阶段应该遵循可评估性和可明确性两个原则，包括两个主要的阅读推广目标：首先，是为了让读者的阅读兴趣得到提升；其次，是为了让读者的阅读能力得到提升。当时，不能将提升阅读能力和阅读兴趣作为阅读推广项目的目标，有违以上两个主要原则，不具备适用性。比如，英国，为提升成年人读写能力的阅读推广项目，其目标是：针对读写能力不佳的成年人，督促其在 3 个月时间内进行 6 本书的阅读，该目标非常明确，且具有可评估性。

3. 阅读推广方式的确定

（1）常规性阅读推广方式

第一，馆藏推荐。

阅读推广的一个基本方式是书目推荐，某个领域的图书和期刊比较优秀，于读者来说是不清楚的，因此，公共图书馆进行相应的推荐工作十分有必要。公共图书馆应该基于馆藏进行推荐，但是并非限于馆藏资源。此外，推荐的可以是图书书目，也可以是电影、游戏或者是杂志等。通常情况下，公共图书馆包括以下馆藏推荐：

借阅排行：公共图书馆最为普的一种方式，包括按月、按季度和按年度的借阅排行榜，也可以分为文学类、经济类等按类别进行的借阅排行。

新书推荐：公共图书馆还经常采用新书推荐的阅读推广方法，即先进行新书暑假设置，然后开展定期巡展，或者通过网络进行推荐等。特别需要引起重视的是，应选择性地进行新书推荐，否则推荐不具备适用性。

编制主题书目：公共图书馆出于需求进行某一主题资源的宣传活动称为编制主题书目。这一书目不但包括图书，还有数字馆藏和报纸等资源。

馆员推荐：图书馆馆员对馆藏资源的了解较为全面和系统，因此，馆员推荐是基于这一条件进行的一种方式，不但可以充分利用馆员的资源优势，也有利于其工作热情的激发。目标用户群的特点是馆员推荐的前提和基础，而馆员推荐的主要作用是为了激发读者书本的兴趣，而非展示馆员文采。因此，目标用户的特点和需求才是重点。

读者推荐：读者是公共图书馆不可或缺的资源，对读者资源的有效组织也是图书馆的一项重要工作，应该在阅读推广中充分利用这一资源。读者推荐的方式非常丰富，如苏州独墅湖图书馆，将图书推荐圣诞树放置在阅览室，供读者进行书目推荐和理由的阐述。需要特别注意的是，应该基于读者群体的特点选择合适的推荐方法,如针对儿童进行推荐,可以考虑采用卡通形象的推荐卡,吸引儿童的注意力,让他们填写;并不必须写推荐语才能进行书目推荐,还可以使用绘画、Flash 以及视频等方式进行推荐。

推荐后续活动的设计和开展:吸引读者阅读是所有馆藏推荐的最终目标,因此,推荐书目的陈列并非唯一工作,后续推动也必不可少。列出书目只是工作的一个组成部分,还需要一定的激励措施,促进读者阅读。当然,需要根据面向的读者群特征,进行激励措施的制定。

第二,常规读书活动。

阅读推广既可以采取馆藏推荐的方式,也可以进行丰富多彩的读书活动。需要引起注意的是,任何一种方式的阅读推广都是为了让人们养成良好的阅读习惯,并将之常态化,所以也应该作为公共图书馆的一项常规工作而非偶然的、临时的。因为阅读习惯的养成是长期的、持续的过程。

公共图书馆面向的服务群体较为多样化,阅读推广的主要人群包括儿童、青少年以及老年人等。由于读者群体的不同,所采用的推广方式也有所不同。此处不再详细地分群体进行阐述,以下只将比较常规化的读者活动予以呈列,以供参考和借鉴。

"故事时间"——这一阅读推广活动的主要负责人,可以是儿童图书馆的馆员、聘请的志愿者。国外有细致的儿童读者群体划分,主要包括 0 ~ 1 岁、2 ~ 3 岁、4 ~ 5 岁等阶段。无论是公共图书馆总馆,还是分馆,都会进行一星期一次的故事时间,会根据各个年龄阶段进行。图书馆馆员通过夸张的表情和语气进行故事讲解,进行相关的活动延伸,如画画、手工等,促进儿童对"故事时间"活动的兴趣。当然,国内图书馆对故事时间也比较重视,但唯一不足的是,对儿童年龄的划分不够细致,且很少有 3 岁以下儿童的"故事时间"。

公共图书馆需要根据本馆实际情况,开展"故事时间"活动。目前,大部分的图书馆对"故事时间"比较重视,但是受人力资源不足的限制,需要考虑吸纳更多的志愿服务者参与。例如,江苏吴江图书馆吸引了很多台湾志愿者,给少年儿童定期开展"故事时间",且效果非常显著的。

读书交流活动——图书馆不但要指导和提供资源给个体阅读者,还要建设读者交流平台。读书交流的形式也比较丰富,既可以共读一本书,也可以进行月底类刊物的编制和读书会等活动的开展。任何一个读书交流形式一旦形成,应该长期坚持。例如,陕西理工大学图书馆开展"同读一本书"的活动;河北科技大学图书馆成立"好书月月谈"等项目,有利于促进大学生之间的交流和沟通。

(2)专题性阅读推广项目

公共图书馆每年或者每两年进行一次阅读推广活动,可以称之为专题性阅读推广项目,主要由以下方面组成:

第一,公共图书馆推出各类读书竞赛和挑战,可以采取视频制作比赛、书评比赛的方式进行阅读推广。例如,美国洛杉矶公共图书馆针对青少年开展四联漫画比赛、书签设计大赛等活动;中国汕头大学图书馆进行"读书的那些事"微征文比赛活动,让读者阅读后进行简短的读书感想和体会撰写。这种活动非常具有特色,吸引很多阅读者参与。除了开展比赛形式的阅读推广活动,还可以通过读者达到预期阅读目标后给予奖励的形式进行,比如可以将金牌发给阅读完六本书的读者。

第二,主题性质的活动。例如,北欧公共图书馆开展动漫之夜、音乐之夜、幻想之夜以及侦探之夜等各种主题阅读活动。其中,侦探之夜还会将现场布置成案发现场,然后邀请侦探小说家和读者进行互动。

第三,大型宣传活动。公共图书馆既可以开展常规性的读书活动,也可以在重大节日或者世界读书日进行具有特色的阅读推广活动,如国庆节、"六一"儿童节等,邀请政府领导和人员参与,增加活动的仪式感。

第二节　信息化时代公共图书馆阅读推广策略

公共图书馆在阅读推广过程中，要做好与信息技术的融合，通过群众共享及文化理念的输出，不断改进公共图书馆的信息化建设内容，整体内容要与社会公众需求一致，这也是信息化环境下公共图书馆在阅读推广策略创新过程中的重要部分。

一、公共图书馆的数字阅读推广

和其他推广形式不同，数字阅读推广关键的是"数字"，这里的"数字"不仅指推荐的阅读内容是各种特色鲜明的数字化内容，还意味着阅读方法以及推广、使用的渠道也是数字化的。对阅读进行推广时，需要巧妙利用各种工具，使每一位读者在数字阅读中都能够根据指引，找到需要的内容。

（一）数字阅读推广的"微"活动

目前，微博、微信已经十分常见，在Web2.0环境下，各种社交网络平台、共享协作平台迅速发展，每个人都能够发挥传媒、媒体作用。

对于有的图书馆来说，通过新媒体形式，不仅可以对各类资源进行推送，在图书馆进行公众服务方面，还可以塑造出一个全新的形象，可以说，新媒体是一个宣传利器。在数字阅读推广活动中，"两微一端"，即微博、微信和移动客户端主要从两方面发挥作用：其一，对用户进行引导，指引他们对数字阅读资源进行利用，比如进行资源的推介、提供资源的使用技巧等；其二，吸引更多用户关注，提升粉丝数量，对数字阅读的服务人群进行扩展，使数字阅读的影响力得到有效提升。两个方面的作用相互依存，相辅相成，只有创造出优质的内容，才能吸引更多人的关注。

1. 基于微博的数字阅读推广

现在，很多公共图书馆借助微博平台，开展数字阅读推广活动。虽然微博图文内容对字数有限制，但只要利用得好，依然能够策划并开展很多精彩的活动。不论是在线开展活动，还是进行常规的资源推送，文字以及图片内容都需要进行精心设计，不宜过于死板，而应活泼、亲切，让人产生愉悦感。只有这样，用户才会更容易接受，并愿意参与。不仅需要对语言文字进行规范，确保表达清楚、准确且语意友好，对于配发的图片也需要进行设计，使其符合语言文本的意境需求，和文案相呼应，或借助图片对文案进行更加清楚的表达等。可以说，任何一条优秀的微博内容，或者合格的微博内容，都应当是一幅十分精彩的文图作品。下面以新浪微博作为案例，针对数字阅读推广活动如何在线上开展进行探讨和分析。

在微博上开展活动，通常可以划分成两种形式：其一，"1+N"模式，即通过微博进行宣传，发布链接，然后跳转到活动界面；其二，微博活动，是一个微博自带的功能模块，可以对此进行利用并开展活动。

"1+N"模式是十分常见的线上活动形式。"1"指在微博上发布相关宣传语、广告等；"+"指代具体的网页链接，通过点击链接参与活动；"N"代表具体的内容，其形式比较多样，如知识问答、在线调查问卷、微书评、游戏题、推荐的数字阅读内容等。

在对数字阅读推广活动的具体内容进行策划设计时，可以围绕以下方面进行：数字阅读的资源库类型、数字阅读的使用技巧、数字阅读的内容、数字阅读的经验分享、数字阅读的达人竞赛、数字阅读推广宣传活动的相关征集，等等。在策划设计推广活动时，需要注意让更多的人了解公共图书馆的数字阅读资源，并鼓励用户使用。借助微博平台开展各项活动，看似容易，但在实际进行操作时面临许多问题，比如如何设计研发合格的互动网页、微博文案如何撰写才能更加吸引入，微博活动的开展还需要一定的粉丝基础等。

2. 基于微信的数字阅读推广

"微信公众号"是微信中使用最多的一个功能，可以细分成三种：订阅号、服务号、企业号。微信和网页不同，不能进行线上活动的开展，也和微博不一样，没有那么多活动模块，它其实和移动客户端有些相似，但是它又不是 App，和移动 App 有所不同。在微信上对数字阅读推广活动进行开展，也有案例可循。[①]

微信公众号这个平台本身所能够提供的功能十分有限，而且也相对简单，对于线上活动的开展来说，很多需求是无法得到满足的。因此，有不少公司都有专门做微信功能研发的业务，比如预约功能。现在，使用微信的人越来越多了，可以说，用户量呈指数增长，在进行相关活动的开展时，一定要注意操作，即使微信活动很简单，但因其用户基数大，如果运营得当，活动效果也将得到提升。

微信公众号进行阅读推广的意义如下：

第一，培养读者阅读习惯。图书馆阅读推广工作中，应用微信公众号，可以让读者养成良好的阅读习惯，提高阅读推广工作的有效性。传统阅读推广工作，教师采用校园推广的方式来吸引读者注意力。虽然该方式取得较好的效果，但是无法让所有师生都参与阅读活动中。而微信公众号的应用，则可以解决这一问题，让读者在观看手机信息的同时，就可以收到图书馆推广的阅读信息，从而形成良好的阅读习惯。

第二，丰富读者阅读内容。图书馆应用微信公众号进行阅读推广工作，可以提供丰富的推广内容，能够拓展读者知识面。微信公众号中具有较大的存储量，可以存储海量的信息。利用此功能进行阅读推广，可以将图书馆中所有的信息都呈现出来，拓宽读者视野，提高读者阅读兴趣和积极性。

第三，保证阅读推广的及时性。图书馆阅读推广中，存在一定的弊端，就是无法为读者随时随地提供阅读服务，需要根据图书馆开馆闭馆的时间，调整阅读推广时间。而微信公众平台的应用，则可以为读者提供非常便利的阅读服务，读者可以根据自身的学习情况，选择阅读内容或者查找资料，对阅读推广工作

① 吕瑾瑜. 基于微信的公共图书馆阅读推广模式探究 [J]. 图书馆工作与研究，2018（08）：100-107.

开展具有促进作用。

（二）"互联网＋阅读"模式下公共图书馆数字阅读推广

进入信息化时代，公共图书馆不仅可以为学校以及各种学术性机构的信息化建设提供信息基础，也可以为教学以及科研的开展提供服务。因此，公共图书馆应开展一系列活动，如参考咨询、资源推送、阅读推广等，对资源配置情况进行优化，使文献信息的利用率得到进一步提升。

1. 充分、合理利用高新技术服务方式

我们正处于"互联网＋"的时代，公共图书馆应对"互联网＋"技术的相关特点进行充分了解和掌握，在进行数字阅读推广时进行充分、合理的运用，使自身服务水平得到提升。依靠"互联网＋"技术进行服务，公共图书馆可以搭建数字服务平台；在数字图书馆建设以及数字阅读推广服务过程中，对各种技术，如云计算技术、大数据分析技术、物联网技术等进行充分利用，安排专业人员进行服务，对阅读相关服务进行及时升级优化，使数字阅读服务逐渐实现跨越式创新发展。[①]

2. 创建适用于数字阅读推广的信息共享空间

信息共享空间是目前新型的一种信息服务模式，不仅是一种服务空间，对于资源还具有高度整合能力。信息共享空间的建设主要依靠互联网技术以及各种软、硬件设备，在一个虚拟空间或者实体环境中，将丰富但杂乱的资源信息融合到一体。

除此之外，对于大众来说，通过数字阅读推广形式对信息共享空间进行建立十分新颖，也是公共图书馆建设所涉及的一个主要领域。因此，公共图书馆要紧紧抓住这个机遇，占据先机，不断进行创新探索，把信息共享空间的建设和数字阅读推广相结合，使其发挥充分用作。

---

① 李怡梅，肖雨滋，钟春华．我国公共图书馆数字阅读推广现状及思考 [J]. 图书馆，2015（06）：32-36.

3. 拓展多维化数字阅读推广服务方式

在开展公共图书馆数字阅读推广活动时，对"互联网 +"技术进行利用有两点措施需要特别注意：其一，加强基础设施建设，对数字资源进行补充，进一步强化网络环境的把控；其二，进行数字阅读推广时，以人为本应成为公共图书馆自身的指导思想，服务内容也应借助创新的形式进行发展和完善。

进行数字阅读推广，对于公共图书馆来说并不是一件易的事，需要长久的努力和坚持。其中，最为重要的一个环节是要以图书馆自身条件为出发点，在工作方案制定方面应注重其科学性、合理性，并认真执行，使读者能够在更加优质的环境中享受数字阅读服务。

二、网络直播在公共图书馆阅读推广中的应用

互联网的快速发展，不仅直接推动了大众传媒向分众传媒的转变，而且为传统行业的创造了新的转型契机。在图书馆领域利用好网络直播这一新型传播媒介，将公共图书馆打造成"网红聚集地"是图书馆学界的新兴热点问题。互联网领域内的"网红聚集地"就是网络直播平台，将公共图书馆与"网红"联系起来的本质就是利用互联网技术，迎合读者的偏好，引导读者的阅读方向，提升读者的阅读体验。

伴随着移动互联网的快速发展，网络直播的兴起迅速占据了中国网民大量的休闲娱乐时间。传统媒体也在积极转型向新媒体伸出了"橄榄枝"，新闻报道不断结合"互联网 +"的模式，推出了结合图片、音视频、Vlog、R 直播等一系列新型新闻传播形式，比如"官媒"中央电视台在新闻联播播出完毕之后在短视频应用软件上录制了"主播说联播"的短视频节目，在群众的中引起了热烈反响，达到了良好的传播效果，堪称"接地气"与亲民的典范。作为提供公共文化服务的公共图书馆，也应当在新媒体上主动发声，通过"互联网 +"阅读推广活动，发挥好公共图书馆的书籍文化引导作用，拓宽阅读推广渠道，提升公共图书馆服务效能。

（一）网络直播及其特征表现

网络直播大体有两种分类，一种是转播电视直播，类似于"网络电视"。另一种是在现场架设音视频采集设备，再上传至网络实时播放。本书讨论的主题限定在第二种网络直播概念中。在图书馆领域的网络直播，主要是指在阅读推广的过程中将阅读推广讲师上课的音频视频内容同步在网络上，为读者在线上观看馆内的阅读推广提供可能。

网络直播的特征表现在以下方面：

一是成本低。随着互联网的普及，移动互联网的飞速发展，网络直播呈现出去中心化的特征"新浪大V""B站up主""自媒体大咖"都可以充当意见领袖，人人都有可能是信息的传播者和生成者，原因之一就是因为网络直播成本低。一个摄像头一台有网络连接的电脑一个麦克风就可以进行网络直播；一部智能手机一个自拍杆一个Wi-Fi环境就可以进行手机直播。网络直播对于设备的需求简单，与传统媒体不同，做主播不需要昂贵硬件设备与媒体团队的支持并且没有年龄限制和职业要求，准入门槛小，成本较低。

二是受众多。根据中国互联网络信息中心发布的《中国互联网络发展状况统计报告》，截至2022年6月，我国短视频的用户规模增长最为明显，达9.62亿，较2021年12月增长2805万，占网民整体的91.5%。即时通信用户规模达10.27亿，较2021年12月增长2042万，占网民整体的97.7%。网络新闻用户规模达7.88亿，较2021年12月增长1698万，占网民整体的75.0%。网络直播用户规模达7.16亿，较2021年12月增长1290万，占网民整体的68.1%。在线医疗用户规模达3.00亿，较2021年12月增长196万，占网民整体的28.5%。

三是内容良莠不齐。传播主体多元与审核机制缺位就必然导致传播内容质量上的良莠不齐。"娱乐至死"曾经是在传统媒体的学术界讨论的一大热门议题，在全民网络直播的时代更是将泛娱乐化的传播内容推向了极致。网络直播被过度消费一方面是因为部分网络主播的利益驱动，而更重要的是网络上缺少作为主流价值观旗帜的引导，使直播内容不时冲出道德底线，忽视核心价值观建设，践踏法治文明。而作为中国网民群体中数量最大的学生群体，极易受到低俗文化与恶俗快乐的影响。

（二）网络直播应用在阅读推广中的适用性

公共图书馆利用网络直播进行阅读推广与单一传统的线下阅读推广相比更具优势，不仅突破了时间与空间的限制，而且将会进一步扩大图书馆的辐射范围，让读者感受到参与性更强的阅读推广活动，提高了服务效率，提升服务效能。

第一，可参与性强。利用网络直播开展阅读推广课程，就是把日常的"教室互动式课堂"搬到网络上，除了教学地点在公共图书馆以外，其他教学方式完全不变——讲师按照日常的教学方式，在网络直播间进行阅读推广课程，学员可以通过多种方式与老师进行互动，比如发送弹幕提问。在传统课程，可能因为诸多原因不易或不能实时互动，是一种单向度的传播方式，而网络直播打破了这一限制，"孔子式"一问一答教学模式在阅读推广课程的网络直播中应用也是不无可能。这种采用实时互动的方式，更有利于激发读者的学习兴趣。

第二，内容生动。将网络直播应用在阅读推广当中可以使课程内容更加生动。课堂教学模式，众多读者面对一位讲师，往往受到座位安排、周边环境、周围读者等客观因素的影响，使阅读推广效果大打折扣。而线上教学模式不仅可以将讲师放在镜头前，保证每一位读者都可以得到最好的课堂体验。

第三，服务效率高。现场直播完成后，还可以随时为读者继续提供重播、点播，有效延长了直播的时间和空间，发挥直播内容的最大价值。同时，视频资源可以收录到电子资源库中，作为馆藏资源的一部分，定期更新在馆舍内的网络上，以备查阅使用。

（三）网络直播应用在阅读推广中的可行性

我国《公共图书馆法》第四十条规定了政府设立的公共图书馆应当加强数字资源建设、配备相应的设施设备，建立线上线下相结合的文献信息共享平台，为社会公众提供优质服务。而公共图书馆开展阅读推广线上直播的模式就是打造线上线下结合的信息共享平台的雏形。

1. "使用与满足"理论

传统的传播学主要是从传播者或传媒的角度出发,考察传媒是否达到了预期目的或者对受众产生了什么影响,而"使用与满足"理论则是开启了传播学的全新视角,从受众角度出发,通过分析受众媒介接触的动机以及这些接触满足了他们的什么需求,来考察大众传播给人们带来的心理和行为上的效用。将使用与理论带到图书馆领域可以让"被动"变为"主动",既以一种读者在利用"图书馆"作为工具时所达到满足其自身需求的目的为视角,思考图书馆乃至阅读推广所达成时效。"使用与满足"理论则把研究焦点转移到了读者受众身上,把受众看作是有着特定"需求"的个人,他们的媒介接触活动是有特定需求和动机并得到"满足"的过程。图书馆作为主体应当提供主动式的服务,如果一味追求服务效率或者服务指标,有可能欲速则不达,判读图书馆好坏最简单的方式就是将服务效率与服务人次进行硬性的捆绑,而这样一来,就造成主动就变成了被动。所以在具体提供服务的过程中,不能唯"指标"是图,应当以读者体验为首位,做有温度、有深度的读者阅读体验,服务效能的提升是必然达到的效果。

全民进入了"视频时代",公共图书馆已经在数字化方面的转型刻不容缓,传统媒体已经在积极转型,而掌握着最重要、最基本的传播介质的图书馆也应当追上这一大潮流,将直播作为传播的"新工具",才能达到更好的传播效果。

2. 议程设置理论

大众媒介往往不能决定人们对某一事件或意见的具体看法,但是可以通过提供信息和安排相关的议题来有效地左右人们关注某些事实和意见,以及他们对议论的先后顺序,公共图书馆提供给公众的是他们的议程。议程设置理论最先应用在新闻传播领域,而将议程设置理论引入图书馆领域最大的优势之一就是为在互联网领域传播提供理论依据。现今互联网"拟态环境"出现泛娱乐化的特性,需要公共图书馆利用互联网服务读者的同时"设置议程",通过设置群众喜闻乐见的议题,在满足群众需求下传递正能量,弘扬社会主义核心价值观。

网络直播内容的良莠不齐恰恰给予了公共图书馆跻身网络直播的合理性，在众多深度差、没营养的直播内容中脱颖而出是利用网络直播进行阅读推广的必然结果。在低级趣味与高雅情操的博弈中，大部分读者都会毫不犹豫地选择后者，而剩下的读者都会受到文化正能量潜移默化的指引而抛弃腐朽与糟粕，在阅读中感受社会主义核心价值观的真谛。

3. 准入监督流程规范

北京、上海、成都和杭州等十余个城市已经开始对网络主播的准入制度进行了规范，明确网络主播需"持证上岗"，既取得《网络节目主持人岗位合格证》。馆员在办理主持人证书之后可以当"主持人"，阅读推广活动室当"演播室"，讲师与志愿者当"主播"，在平台上线上开启直播间，不仅可以受到平台的监管，而且所有的阅读推广活动是在众多读者的监督之下进行的，既保证了读者的阅读权益，又能保证阅读推广活动在阳光下开展。

4. 直播接受"打赏"有待商榷

关于阅读推广直播间接收读者"打赏费用"，按照《公共图书馆法》的规定，图书馆不得进行盈利的活动。在图书馆内利用馆舍的场地、设备在线上直播收取打赏，实际上并不是将设施设备场地用于与公共图书馆服务无关的商业经营活动，无论是线上还是线下的阅读推广活动都是完全免费的，是完全不设门槛免费提供的服务。阅读推广直播过程中的"打赏"行为服务中可以理解为读者对讲师个人的"赠与"，是对讲师个人能力的一种肯定，但是在实际操作中，有可能变相成为阅读推广讲师个人谋取私利的工具，所以应当辩证看待，在无监管的情况下，不认可"打赏"行为是对讲师的个人赠予，直播间内不接受任何形式的"打赏"在监管机制完善后，可以适度将打赏金额奖励到讲师个人。

总之，将网络直播应用在公共图书馆将有利于阅读推广的效果提升，无论从理论性、适用性与可行性分析都印证了网络直播作为公共图书馆下一阶段的工作探索方向是有积极作用的，利用好互联网新媒体工具，将极大地推进公共图书馆建设事业的发展。

第三节　公共图书馆的服务品牌建设与发展探微

20 世纪 80 年代以来，我国图书馆事业发展迈上了一个新的发展阶段，不管是在基本思维、场地建设、文化格局、资料归纳、服务建设、技术更新、拓展交流方面都获得了前所未有的发展空间。在这之中，品牌建设就成为一个重要的发展领域。现如今，公共图书馆发展更加多元，整体向上的风貌逐步形成。随着品牌实践经验的不断深化，怎样认知服务品牌的具体价值，明确其根本内涵就成为我们需要思考的一个重要课题。怎样创建出真正符合我国需求的服务品牌，将其内在的价值规律探索出来，着力解决能够体现出创意的品牌建设，促进其优化转型。

简言之，服务品牌就是以品牌的形式来展现出来的项目内在价值。即在公共图书馆建设中所表现出的服务特色、服务理念以及优势，通过这些优势来体现服务高质量的基本形式。服务品牌所包含的内容十分丰富，主要包括基本策划、服务内容、用户体验、推广情况、宣传情况、优化创新、技术升级等种种要素。通过服务品牌，我们能够清楚地看出图书馆给读者带来的深刻印象。品牌其实是公共图书馆外在形象的最好体现，有时甚至是城市外在形象的代名词。品牌是一个公共图书馆为外界所知的最好标志，其中蕴含着公共图书馆的内在文化底蕴和内在价值，真正彰显出公共图书馆在其建设的过程中所体现出的文化思维能力和文化价值，是着力促进公共图书馆服务能力提升的根本抓手。品牌更深层的意义就在于能够将其服务的重点展示出来，最主要的是通过扩大品牌的影响力来提升知名度，最终实现文化增值的根本目标。

一、高质量：服务品牌文化建设

公共图书馆品牌建设过程中，文化是一个重要的核心，它是所有要素中最主要的一个方面，为服务品牌的发展提供了健康成长的环境。文化与品牌之间的关系十分密切，它们二者之间是相互联系与促进的，文化为品牌增添了一份厚重的力量，品牌也因为文化而获得了更高的知名度，其中所蕴含的深刻意味值得我们去反思。

中华文化的根基中，传统文化是命脉，其中所彰显的思维理念、文化精神、道德行为与选择都彰显出我国人民厚重的文化思维，是其精神的重要体现，它对人类问题的解决做出了不可磨灭的杰出贡献。2006年，我国在图书馆领域首次建设"志愿者服务"品牌，其中我们能够看出浓厚的文化思维与文化诉求。对于广大的志愿者而言，他们的根本原则就是公益、奉献，他们坚持要为图书馆事业的发展做出一分力所能及的贡献，将志愿者团队的精神与图书馆事业的发展紧密联系在了一起，这其实也是对志愿者"无私、奉献、公益"等理念的践行，这也满足了众多的相关从业人员和专家渴望进行实践深化，希望对社会有所回报，对他人有一些力所能及贡献的基本愿望，他们也因此获得了众多的社会文化服务的机会，引导更多的基层志愿者带着他们的爱心与责任心参与到一线志愿服务的过程之中。这一活动备受各界关注，文化和旅游部也因此对其进行了嘉奖，它被确立为科协师范教育活动典范，还被授予了文化创新的奖项，这是对图书馆志愿者工作的高度肯定。[①] 我国之所以能在服务品牌的建设过程中保持较快的发展速度，不断进行自我的突破，其中一个重要的原因就在于品牌建设的高质量化，上海所创建的"文化教室"就是一个鲜明的代表。此外，广州大力推行的"凝聚智慧，你我阅读"也是一个美好的建设愿景。上述品牌是图书馆领域的航向标，它们已经不再是一个简单的品牌称号，而成为推进未来

---

① 公共图书馆研究院.中国公共图书馆发展蓝皮书（2010）[M].深圳：海天出版社，2010：93.

品牌文化振兴，持续促进服务品牌优化转型，厚植文化底蕴的代名词。

二、高力度：服务品牌建设的技术支撑

近些年来，人工智能的发展获得了较大的空间，以其为依托的大数据也因此获得了崭新的发展，这些也为图书馆服务品牌建设增添了新的活力，是实现转型的必由之路。深圳图书馆在文化品牌创建与技术的融合方面做出了巨大的探索。该图书馆所编著的《深圳模式——深圳"图书馆之城"探索与创新》一书，可谓是从宏观的角度科学阐释了"技术创新"的内在意蕴。该图书馆在提供综合服务的同时实现了将技术与文化底蕴的高度融合，其中一些奇思妙想让人叹为观止，[①] 我们从中真切感受到了服务品牌的内核所在。

从普及"图书馆 24 小时对外开放"到实现多部门资源整合与服务建设；从打造科学的城市图书馆电子网络平台到不懈探索"数字图书馆综合系统"，深圳图书馆敢为人先，将品牌建设与技术挖掘相互结合，在全国范围内产生了十分深远的影响，其服务质量节节提升，读者的阅读热情也被前所未有地调动起来。这是中国图书馆建设对世界的卓越贡献，也是中国品牌自主创新，自主研发的品牌印记。同时，"图书馆 24 小时对外开放"被文化和旅游部予以了极高的赞誉，业内对其高度的技术创新予以高度肯定，这一行为也先后被城市宣讲并进行了推广。东莞图书馆之所以能够获得较快的发展，一个重要的原因就在于其把握了技术这一核心竞争力，它所打造的"协同发展体系"成为其服务模式之中的一个亮点[②]。正是因为服务品牌技术的不断完善与更新，技术与图书馆的联系更加紧密。公共图书馆在其引导下获得了广阔的发展空间，真正实现了宽领域、层次化、低门槛、针对性、创新性、交流式发展新模式，读者从中获得了更好的服务体验。

---

① 张岩，王林.深圳模式——深圳"图书馆之城"探索与创新[M].北京：中国社会科学出版社，2017：112.

② 公共图书馆研究院.中国公共图书馆发展蓝皮书（2010）[M].深圳：海天出版社，2010：19.

三、高宽度：服务品牌互相融合

当前，经济发展呈现出明显的融合特色，不管是互联网领域，文化与信息领域、电子领域还是智能化领域，纷繁复杂的事物已经成为事物之间相互关联、彼此沟通的一种重要方式。多学科的交叉、社会诸多领域的协同、行业之间联系的日益紧密，使得社会之中表现出越来越明显的彼此互通有无，相互交织的态势。馆际之间的交流越来越频繁，他们的信息交流使得公共图书馆服务呈现出日趋完善的崭新发展趋势。详细分析服务品牌之间的关系，促进其多元拓展与交融。全面推进品牌宽度交流时，一个重要的方面就在于大力实施文化共享建设，它从本质上来说也可以被看作是一个相互融会的新系统，以国家的力量来带动其他各级部门进行文化服务的完善与建设，真正打造"高效协同，统筹规划"的综合化新格局。

此外，各有关部门也应该发挥来自各界的力量，使其凝聚起来，为文化共享奠定扎实的根基，使其成为一个强大的力量融合体。著名专家张彦博从特殊的角度出发，研究了工程协调的积极作用，将具体的协同模式划分为内、外、上、下几大领域。在他看来，"内"突出强调的是文化系统之间所开展的一种彼此交流，"外"侧重于不同行业之间所开展的彼此交流，"上"强调的是从上级的角度出发所进行的政策支撑，"下"则指的是要将群众的诉求作为深化拓展的根本宗旨，层层推进，全面协同。①

此外，从技术的角度来说，文化共享其实包括万象，其中不仅蕴含着网络技术、电子技术、信息技术以及软件技术和计算机技术等多元化途径，也是上述这些载体相互融合的一种多元化信息渠道。这些技术的融合恰恰是在结合当地实际的基础上所开展的一种因地制宜的选择。这一选择符合我国文化服务品牌建设的基本诉求，与我国的实际发展相互契合，是一种崭新的发展样态。此外，

---

① 公共图书馆研究院.中国公共图书馆发展蓝皮书（2010）[M].深圳：海天出版社，2010：94.

我们通过多领域的创新"混搭"能够为各种品牌增添崭新的内涵。[①] 这越来越成为品牌建设的一个核心要义,在差异化技术和内容相互融合的过程中获得了新的体验与感悟。在 2018 年,上海图书馆就极富创意地指出:要充分利用读书日这个特别的日子,打造充实而又令人难忘的"上图之夜"。这一活动将多种元素结合起来,发挥了绘画、展览、讲座、阅读与诵读等要素的作用,将各种样式模式混合搭配在一起,实现不同领域之间的元素互通。它将各种展览品牌的常见款式进行了融合,推出了时尚款。从品牌自身的创新点来看,不少特色的产品都具有自身的"兴奋点",将不同性质的元素进行混搭。[②] 即将差异化元素进行搭配,找到能够让读者有兴趣的特殊点。这种形式实现了空间和时间的打破,真正体现出服务设计对于开展阅读的意义所在。同时,我们也能从中感悟到服务品牌近些年来所进行的探索和发展趋势,从中感受到了品牌自身所具备的宽容、多元、新奇、拓展、深化、协调的新态势。

① 霍尔特,卡梅隆. 文化战略:以创新的意识形态构建独特的文化品牌 [M]. 汪凯,译北京:商务印书馆, 2013.

② 科创驱动与品牌经济发展:第三届中国品牌经济(上海)论坛嘉宾精彩观点摘录 [N]. 解放日报, 2017–05–10(9).

参考文献

[1] 麦金托什，格波特. 旅游学：要素·实践·基本原理 [M]. 蒲红，译. 上海文化出版社，1985：87.

[2] 陈海燕. 当代城市公共图书馆功能的演变与设计研究 [J]. 江苏科技信息，2021，38（10）：18–21.

[3] 霍尔特，卡梅隆. 文化战略：以创新的意识形态构建独特的文化品牌 [M]. 汪凯，译. 北京：商务印书馆，2013.

[4] 范周. 文旅融合的理论与实践 [J]. 人民论坛·学术前沿，2019（11）：43–49.

[5] 伏菊英. 公共图书馆总分馆制建设现状、问题与发展趋势的思考 [J]. 四川图书馆学报，2019（05）：8–12.

[6] 高圆圆. 公共图书馆在低碳城市建设中的发展 [J]. 太原城市职业技术学院学报，2017（11）：17–19.

[7] 公共图书馆研究院. 中国公共图书馆发展蓝皮书（2010）[M]. 深圳：海天出版社，2010：19.

[8] 关基顺. 县级公共图书馆总分馆建设现状及发展趋势研究 [J]. 传媒论坛，2021，4（13）：129–130.

[9] 郭婷婷，吴洋，颜莘. 文旅融合高质量发展困境与出路 [J]. 合作经济与科技，2022（10）：16–17.

[10] 洪牧. 信息化时代公共图书馆阅读服务的变革与发展 [J]. 科技资讯，

2021，19（30）：149-151.

[11] 焦洁. 图书馆智能机器人应用研究 [D]. 郑州：郑州大学，2020.

[12] 科创驱动与品牌经济发展：第三届中国品牌经济（上海）论坛嘉宾精彩观点摘录 [N]. 解放日报，2017-05-10（9）.

[13] 李传欣. 网络直播在公共图书馆服务中的应用 [J]. 图书馆学刊，2018，40（09）：93-97.

[14] 李瑞欢，李树林，董晓鹏. 公共图书馆工作实务 [M]. 北京：现代出版社，2018：22.

[15] 李怡梅，肖雨滋，钟春华. 我国公共图书馆数字阅读推广现状及思考 [J]. 图书馆，2015（06）：32-36.

[16] 梁艺，李芳薇，杨志滨，等. 智能机器人在图书馆中的应用 [J]. 中华医学图书情报杂志，2021，30（09）：64-70.

[17] 林婷. 公共图书馆优秀传统文化阅读推广研究 [J]. 传媒论坛，2020，3（13）：110-111.

[18] 林治德. 现代公共图书馆的建筑设计理念：以大连市旅顺口区图书馆为例 [J]. 图书馆学刊，2012，34（03）：16-17+20.

[19] 刘丽. 公共图书馆家庭阅读推广浅析 [J]. 图书馆工作与研究，2018（S1）：197-198+202.

[20] 罗佳. 公共图书馆推进全民阅读的方法探析 [J]. 开封文化艺术职业学院学报，2021，41（08）：239-240.

[21] 吕瑾瑜. 基于微信的公共图书馆阅读推广模式探究 [J]. 图书馆工作与研究，2018（08）：100-107.

[22] 吕晓辉. 公共图书馆建筑设计探讨 [J]. 山西建筑，2015，41（30）：15-16.

[23] 欧燕. 我国公共图书馆网络直播营销研究 [D]. 哈尔滨：黑龙江大学，2022.

[24] 彭春林，蒋恩智. 公共图书馆信息化服务中微信的应用 [J]. 图书馆杂志，2015，34（03）：71-74.

[25] 彭链，华峰．墨西哥巴斯孔塞洛斯图书馆建筑设计浅析 [J]．华中建筑，2012，30（09）：11-14．

[26] 石同生．生态图书馆理论与实践 [J]．图书馆工作与研究，2003（6）：9．

[27] 唐红．公共图书馆家庭阅读推广的问题及对策 [J]．图书馆学刊，2015，37（09）：108-110．

[28] 王彬，陶嘉今．公共图书馆新馆建筑空间规划研究 [J]．河南图书馆学刊，2016，36（08）：12-14．

[29] 王皓．网络直播在公共图书馆的应用研究 [J]．传媒论坛，2020，3（11）：113-114．

[30] 王璐璐．信息化背景下公共图书馆阅读推广策略创新研究 [J]．文化产业，2021（34）：127-129．

[31] 王玉莲．"图书馆＋书院"公共文化服务模式建设发展初探 [J]．中文信息，2016（3）：26-26．

[32] 韦祺，黄让辉．地方公共图书馆数字化建设及其地方文化服务研究：以柳州市图书馆为例 [J]．兰台内外，2022（17）：82-84．

[33] 夏雨雨．信息化视域下公共图书馆阅读推广策略创新刍议 [J]．文化产业，2022（19）：124-126．

[34] 徐雯怡．探讨元宇宙对图书馆建设的机遇和问题 [J]．文化产业，2022（02）：22-24．

[35] 许运南．公共图书馆参与公共文化服务的策略研究 [J]．河南图书馆学刊，2022，42（01）：40-43．

[36] 许子波．信息时代公共图书馆建筑空间研究 [J]．兰台内外，2020（29）：52-54．

[37] 杨倩．智能机器人技术在图书馆中的应用历程与展望 [J]．大学图书馆学报，2021，39（06）：30-37．

[38] 杨旸．公共图书馆微信公众平台运营推广研究 [J]．文化产业，2021（27）：

115-117.

[39]游晓丹.公共图书馆微信公众平台阅读推广研究[J].图书馆工作与研究，2020（S1）：36-40.

[40]喻至勇.公共图书馆建筑设计与功能布局实践：以江西省图书馆新馆为例[J].图书馆研究，2021，51（02）：46-53.

[41]张兴旺，毕语馨，郑聪.图书馆与元宇宙理论融合：内涵特征、体系结构与发展趋势[J].图书与情报，2021（06）：81-89.

[42]张岩，王林.深圳模式：深圳"图书馆之城"探索与创新[M].北京：中国社会科学出版社，2017：112.

[43]赵发珍.公共图书馆全民阅读推广模式探析[J].图书馆学刊，2014，36（01）：84-85+101.

[44]赵厚洪.党建工作引领和保障公共图书馆服务的若干思考[J].新世纪图书馆，2011（05）：74-76.

[45]赵立荣.浅谈基层图书馆党建工作的创新[J].党史博采（理论），2017（07）：26-27.

[46]郑显玲.图书馆党建与公共文化传播[J].内蒙古科技与经济，2019（19）：159-160.

[47]钟雷.吕氏春秋[M].哈尔滨：哈尔滨出版社，2004.

[48]钟伟.公共图书馆新馆建筑设计理念与实践：以广州图书馆新馆为例[J].图书馆，2020（05）：93-98.

[49]钟永文.信息时代下公共图书馆建筑空间的变化探析[J].新西部（理论版），2015（20）：88+112.

[50]周妍希.美国社区绿色图书馆建筑设计探析[J].河南图书馆学刊，2014，34（06）：21-23.

[51]左平熙.城市公共图书馆建筑生态文化探微[J].农业图书情报学刊，2009，21（01）：56-58.